夏洛特·梅森家庭教育法

The Home Education of Charlotte Mason

[英] 夏洛特·梅森 著
成墨初 蒙谨 编译

典育精教

Wuhan University Press
武汉大学出版社

序言

给孩子持续一生的教育

夏洛特·梅森是英国著名的女教育家，创办了著名的“教育之家”。由于对儿童教育的贡献突出，赢得了无数赞誉，被称为“家庭教育之母”、教育界的“斯波克博士”。

夏洛特·梅森一生都致力于儿童教育，不停地研究家庭、学校、社会环境和教育之间的关系以及三者在教育中发挥的作用，并创立了一套备受追捧的教育理论。

夏洛特·梅森一直强调，在教育孩子时，教育方法是非常重要的，不管是家长还是其他教育工作者，都必须对孩子进行博大的、有启发性的、有快乐的教育。

《夏洛特·梅森家庭教育法》正是夏洛特·梅森教育思想的完美体现，也一直被视为教育孩子必备的教育指南。一经出版，便立刻在全球范围内掀起了“梅森家庭教育”的热潮。

这本书是夏洛特·梅森在经过多年的实践和研究后写成的，让我们了解了孩子的思维过程，以使我们在教育中不断发现问题，及时有效地解决问题。

在书中，夏洛特·梅森提出了自己的核心观点，即培养孩子的独立性，让孩子成长为一个有发展可能性和能力的“人”，避免成为一个只会读书的书呆子。

书中指出，孩子刚生下来时，犹如一张白纸，是个自然人。但是，随着不断地成长，孩子逐渐会向善与恶两个不同的方向发展。而父母所要做的，就是从习惯、思想、环境三个方面帮助并教育孩子，让孩子朝着善的方向发展。

但是，很长时间以来，教育只是考虑如何教孩子学会考试，而不是教孩子学会生活。这就让父母感到非常迷茫，他们认为，学习知识固然重要，但学会生存更重要。在书中，夏洛特·梅森很好地阐释了这个问题。相信看过这本书，父母一定会找到自己想要的答案。

在书中，夏洛特·梅森针对教育中常见的其他问题，提出了自己的教育思想。这些思想非常具有创造性，也非常注重实际，在当时已经得到了很多的验证。而且，即使到了后来，这些理论依然能经得起时间的检验。

其中，很重要的一点是，夏洛特·梅森明确地告诉父母，教育孩子时，应该做什么，不应该做什么，并且详细解释了为什么要这么做，让父母明确其中的道理所在。

夏洛特·梅森不愧是一位教育大师，她的这些思想和理论在全球都得到了广泛的认可，并且为人们广泛传播，为教育孩子指明了前进的方向。

或许，对于我们来说，书中的教育理念并非那么容易接受。不过，当新理念和旧理念产生碰撞时，也意味着我们得到了新的进步，虽是挑战，但更多的却是机遇。

本书涉及的教育内容非常广泛，文笔也生动有趣，与枯燥的教育理论书籍完全不同。为了让父母可以耐心读完此书，我们在编译时，尽可能使书上的语句轻松自然，在尊重作者原意的基础上，尽可能使文笔活泼，富有可读性。

通过这本书，父母在自我学习的过程中，便可以实现对孩子的成功教育。教育孩子，永远都不迟。父母早一天开始自我的提升，早一天开始对孩子进行正确的教育，才能避免负面教育带给孩子的危害，让孩子自然地成长。

所有父母都应该以身作则，给孩子正确且有益的教育，培养孩子的各种能力，让孩子拥有健康的思想，这样才能让孩子幸福一生。

contents

目录

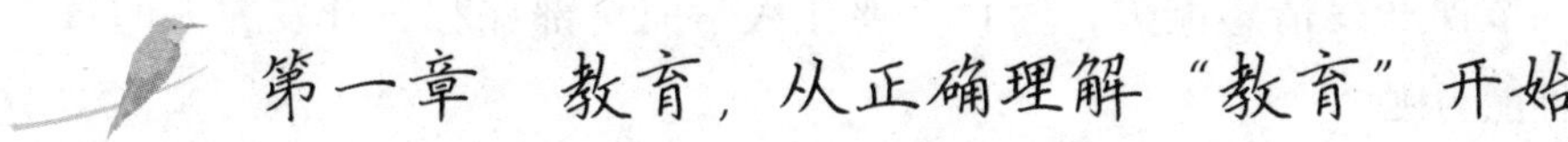

第一章 教育，从正确理解“教育”开始

» 要根据教育目标不断改进教育方法

在英国，我们要想知道大陆正在实施的教育方案，常常需要鼓足勇气去探寻。

在德国的那些老教育改革家中，说起夸美纽斯、贝斯多和莱第齐，我们可能感觉比较陌生，但是提起裴斯泰洛齐、福禄贝尔的名字，我们可能就感觉有些熟悉了。

那么，大家了解约翰·弗里德里希·赫尔巴特吗？他继承了前边这些人的衣钵，并在教育学领域里功绩斐然，直至取代了前辈们的位置。

赫尔巴特的《赫尔巴特教育文学》在德国教育界产生具有深远意义的影响，发行量甚至比英国各种教育文学杂志发行的总量还要多，足以证明其影响力之深远。

耶那大学的 W. 雷恩教授在他的《教育学概论》里简单论述了关于赫尔巴特及其学派研究的内容，但是他对于自赫尔巴特去世几十年来该学派取得的研究成果和进步，给予了相对保守的评价。

赫尔巴特及其思想在德国影响深远，其教育思想学派在欧洲大陆也是最先进的。那么读者们接下来可能会很感兴趣，因为我要把自己的教育思想理念同这个学派的思想相比较。

赫尔巴特的教育思想以及该学派的典型观点是，个人的各种才能并不是相互联系的。以裴斯泰洛齐和福禄贝尔为代表的早期改革家，通过颅相学家把人的能力进行分类，发现其实教育的主要任务是开发

能力。

赫尔巴特的这种思想理据充分，逻辑严密，很具有说服力。

那么，为什么我们要分不同时段开发人的各种能力呢？这个时段开发感知能力，另一个时段开发构思能力，这节课开发判断能力，另一节课开发情感能力，为什么要让人学完全部课程，开发完人的每一种能力呢？

人的思想有时就像华兹华斯诗里的云一样，动辄全部烟消云散。当我们想要探求上述问题的答案时，赫尔巴特学派的人却告诉我们，他们已经不再信任原来的做法了。

一个小的争论就能引起教育重点的重大改变。之前我们普遍认为，设置课程的目的就是全面开发人的各种能力，组织起来也没有任何缺陷，现在这一点却引起了大家的怀疑。

现在我们不再沉迷于开发大脑的各种能力，不再大力进行所谓的智力训练，不再相信学完课程就可以开发能力，不再认为开发能力是主要目的，甚至于不再相信能力本身。

要想达成目标必须通过一定的方法。同理，一旦教育目标改变了，那么教育方法也必须随之改变。现阶段，我们非常赞同赫尔巴特的思想，我们的教育方法也有了很大的改变。

我们再次来探究一下这位哲学家对那些给人类社会带来巨大影响力的思想的认识。

整个人类社会一直存在着一种活跃的思想，它于无形中贯穿着整个社会生活，渗透到人们的各种社交圈，影响着人们的亲属关系、社交关系等方面，没有人知道这些思想潮流是从什么时候开始存在的，但人们的情绪、性格、心志一直在受它们的影响。

它们在人的思想里根深蒂固，一个人，哪怕是他的力量再大，也不能摆脱它们的影响。就算是最高统治者的命令，也不可能使它们有根本性的改变。

它们总是会产生在人们所敬仰的天才脑中，尽管天才们的名字将很快被人忘记，但是这些思想在人群中的影响力逐渐蔓延开来，愈加活跃，不容小视。它们迫使人们做出一些更加有力的决定，就这样不停地循环存在着。

天才们的这些思想在各个方面影响着整个社会，之后，这些思想在天赋异禀的人才们中间口耳相传。

我们暂不讨论这些思想究竟是对个人的作用大还是对群体的作用大，但可以确认的一点是，它们对一个人的影响可以通过这个人与另一个人的相互关系表现出来。而且它们的作用力并不只体现在成人们身上，对于青少年的影响也是显而易见的。

我们完全赞同且认为，没有人可以不受时代思想潮流的影响。因此，时代精神作为对教育影响最大的因素，得到父母和孩子的重视是十分必要的。

» 时代不同，教育方法也要改变

教育工作者对于时代特征十分熟悉敏感，时代特征也往往在孩子的言行中得以显现。令我们感到欣慰的是，现在孩子与父母或者其他成年人的关系比以前更加融洽了。

以前，孩子与父母思想情感之间的代沟很宽很深，父母曾极力想要越过这条鸿沟，但却无可奈何。我们小的时候，父母在家庭中是处于专制统治地位的。

父母给予我们面包、牛奶之类的食物供我们填饱肚子，给予我们亲情温暖，我们满怀感激之情去接受，十分顺从父母。但是，当有很多种选择摆在他们面前，以致他们也不知道给孩子哪种比较好时，孩子就会什么也得不到。

我们拥有的所有东西都是父母给予的，但这些东西也是我们无从选择的。当然也有一些桀骜不驯的孩子，不过只是少数。他们的叛逆程度是相当可怕的，就像弥尔顿笔下的恶魔一样胆大包天。

他们是很有勇气的，总是敢于挑战别人的权威，与之作对。这样公然叛逆的孩子，他们只会自食苦果。父母为了避免这种情况，总是严格教育孩子。孩子处于父母的专制统治下，毫无反抗能力。

四五十年代以前的孩子，他们都是在父母的专制统治下成长起来的。但是现在的家庭却大不一样了，年轻的父母把他们的家庭建设得温馨快乐而又开明轻松。虽然如此，但是也不可避免地存在着专制色彩。

还有一些家庭，无法给予孩子合适的教导。在这样的家庭中生活的孩子，他们只能靠自己的理解来做一些事情。这种现象大都是由于父母的懒惰冷漠和自身责任感的严重缺失造成的，而且很难消除。当然也有例外情况，于是便促进了这种习惯的形成。

在大多数的中产阶级家庭里，孩子受这种习惯和家庭传统的影响，会拥有一个规范有序、接受良好家庭教育的童年，报上就有很多这样的例子。

比如20世纪前叶那些名人们：约翰、斯图尔、米尔、拉金斯、劳伦斯一家和坦尼森等，他们都是来自于严格教育的家庭。我曾听过一件事，至今令我记忆犹新。

一个十二三岁的男孩，在寒冬的一天出门打猎，天色将晚时他回到了家中。他的父亲是一个严谨固执的人，受到孩子的敬仰。

父亲见他进来，便询问他是从哪个门进的猎园。孩子回答了父亲。父亲又问他是否将门关好了，而孩子却支支吾吾说记不清楚了。当时父亲便严令孩子回去仔细查看。

那个大门在离家一英里以外，尽管孩子已经感到很累了，但他还是听从了父亲的命令，返回查看关门的情况。

现在的孩子如果遇到了这种情况，肯定会表现出抗议和抵触的态度，因为他们会觉得，自己已经十分疲倦，就算是那扇门足够重要，必须关好，也应该派一个大人去检查是否关好。

但是，父母的专制统治和孩子的顺从态度，在这个家庭里已经习以为常。就算是放到今天，家庭专制观念仍然没有消失。

我曾经听闻这样一件事。一位苏格兰父亲，因为自己 18 岁的女儿犯了一些不值一提的小错误，就将她独自关在房间长达一周时间。

现在的时代不像以前了。现在，如果我们见到家庭专制的现象，我们会认为他们的思想观念是多么落后，他们的行为是多么无知，与现在提倡的思想背道而驰。

然而在几十年前，众多父母就是通过自己童年以来所受的旧式教育规则，根据经验理解，来教育他们的下一代的。

现如今看来，其实家庭专制教育并不是一无是处。这种制度下，也教育出一批优秀的人才，他们拥有坚毅的性格、强大的能力和高尚的气质品德。我们面对现在的孩子，也会疑问，他们将来的能力是否能如前辈们那般优秀呢？

但我们没必要过多担忧，因为教育上的进步改革总是像海浪一样，一浪接一浪翻滚着，使我们很难看清楚形势和结果。但到了一定的时间，结果自然会清楚显现出来。

» 教育的好坏，直接影响孩子的第二次生命

莫·阿道夫·蒙娜德说过，母亲给了孩子两次生命，第一次是自然诞下的生命，第二次则是知识道德的精神生命。

因为蒙娜德主要研究妇女问题，所以在表达言论时，将父亲的那部分责任刨除了。那么他是如何得出这个令人惊叹的结论的呢？

蒙娜德研究发现，很多伟人都有一个伟大的母亲，正是由于这些能力超强的母亲辛苦培养、辛勤教育，才使得这些伟人们在智力道德上的境界大大提高。这就是母亲给予孩子的第二次生命。

蒙娜德认为，每个孩子都有接受第二次生命的权利，因为当他们享受到这种升华后的生活时，加上父母的教育，他们就可以变成更完美的人。

如果蒙娜德的这个结论是靠演绎推理法得出来的，毫无事实根据，那么我们就没必要再深入研究这个第二次生命的问题了。但事实上，我们身边有很多父母却剥夺了孩子的这个权利，这样的消极事例多不胜数。

有些父母温和善良，但他们的孩子却作恶多端；有些父母自私虚伪，但他们的孩子却诚实正直。看到这样的事，我们都会有个疑问：这究竟怪谁呢？我们为自己找借口、推卸责任，也推脱掉了我们好好管教孩子的责任。

伟人们的背后都有一个伟大的母亲，这将强烈激励着母亲去做一个孩子的好母亲。但是，我们这个结论下得还有点早。

在情不自禁的追求下，我们在自然科学上采取了科学归纳的方法。虽然最新的科学成果还在酝酿过程中，但是已经公开过的科学理论早已成为父母心中不可推翻的真理和定论。

现今社会，潘多拉的盒子已成现实，母亲偶尔的掉以轻心就可能使孩子酿成大祸。但是很多祝福也是同样存在于我们身边的，父母可以从中获得启示，给孩子营造出温馨、健康、快乐、正义、仁爱、美好的生活。

有些人可能会反对，他们认为一个人完美的品质和技能总是由上帝赐予的，父母培养孩子的做法是对上帝的不敬。现实里，正是这种迷信思想造成了家庭管理不善的后果，宗教在这方面成为了阻碍进步的消极力量。

我们已然了解到，上帝是通过男人、女人特别是父母来传递他的恩赐的，我们尊重上帝，就要领会和遵循他的规则来办事，那些规则写在石板和羊皮卷上，也印刻在孩子的心里。我们要努力创造，而不是可怜巴巴地向上帝乞求恩赐。

我们明白了这个规则，就会对耶稣充满感激之情，也就能明白上帝是怎样怜惜和赐予给那些热爱并服从他规则的人们。

上帝的圣训含义简洁，并随着科学的新进步变得更加清楚明白。

因此，我们必须时刻准备着更新和进步，追赶上新的潮流。

我们也要努力研究，观察新发现和上帝已经成文的道之间是否有着关联性和一致性。上帝的意思大概是，我们能继续接受二者的统一，并愿意承认和遵从，那么我们就能得到极其快乐的生活。

从科学思想的角度研究，我们能了解到孩子从父母那获得第二次生命的过程和方法。我们能得出这样一个推理和结论，或者可以说是一个誓言："按照孩子各自的特点培养，找出一条最合适的路来走，那么他长大后也就会一直沿这条路走下去。"

我曾经研究过很多孩子的成长，收集很多数据资料，事实分析告诉我，孩子分为两种类型——一类是受到好的教育，长大了成为贡献社会的人；另一类则是教育不够，长大了成为危害社会的人。当然，事实不是那么绝对的，例外的发生能更好地检验这条规律。

但《圣经》里的圣训和圣言总是在任何时候都经得起验证的。我们会疑问道："怎么会这样？"

不满足于这是自然正确的模糊回应，我们会一直探寻着，最后发现这是一个无法推翻的结论，除非外界影响，否则我们找不到其他结论。最终，我们对于这个规则有着深刻的理解和高度的服从。

在研究第二次生命这个问题时，我们并没有结合遗传学方面的知识，比如莫德斯列博士的遗传论。

因为这些只是用来说明第一次生命的知识，正如他所说："孩子的显性或隐性特征都遗传自父母、祖父母，遗传模式决定和影响着孩子的后天发展，孩子是勇敢还是软弱，是慷慨还是小气，是细心还是大意，是自满还是谦虚，是急躁还是稳重，主要是受遗传而不是教育的影响。"

"人的性格是天生的，后天而来的各种情绪观念和情感思想都深受其影响。人们会受到系统文化的影响，但这种文化影响的范围和性质以及人后天的改变等都决定于遗传的本质。"

如果真像遗传学理论那样，孩子一出生便具有自己天生的性格，那么父母的职责何在呢？就这样自由放任孩子的成长吗？我们把这种做法可以称为强硬的自然主义，事实上，它使我们客观上对教育的局限性有了更准确的认识。

它作为一条准则或者规律，事实上并不是很准确的。孩子天生的性情为他们性格的形成提供了推动力，但他们真正性格的形成还是要靠后天的培养和锻炼。

孩子的性情就像是花朵的花粉，是为了结出果实而准备的基础，与生俱来的性情经过教育、环境的磨砺，再加上后天的引导、自省、完善，通过自我管理、约束、培养，最后形成自己的性格，是走向成功的必由之路。

塑造性格对人类的发展极其重要，那么这一伟大的工作又该怎样去做呢？

生理学科学合理，结构简单，我们可以在此基础上来进行性格的研究。

心理学家的接待室一般设在二楼，那是一个能让人快乐的地方，可是谁能从二楼开始建房子呢？二楼的基础又是什么呢？

就好比区分歌曲和歌手的声带，轻率地把大脑的灰色物质与由这种物质产生的思想分裂开来，和认为大脑只是产生精神思想的一个器官这一创造性理论相比较，前者是更唯物的。后者认为，在目前的情况下，大脑作为我们思想源泉的器官跟我们的精神发展关系极其密切。

就犹如我们在用手书写文字时，手部肌肉会一直运动一样，如果我们承认了在思考时大脑的某一固定部分也在随之运动着，那么我们就会明白，我们大脑里的灰色神经物质能帮助我们思考出关于确立教育体制和规律方面的认识。

这里所指的“教育”跟性格培养有着重大关系。

» 不要把纪律教育看成简单的棍棒教育

万物要改变、完善，都需要用纪律规则去约束和管理。孩子也一样，我们用纪律去管理他们，使他们遵守纪律，这样就能培养他们远离举止粗鲁、野蛮无礼，变成大方得体、礼貌谦恭的好孩子。

我们要多关心儿童成长，使所有的孩子都能从小受到良好教育，这既是每个孩子的权利，也是我们应尽的重大责任。

很多父母不再相信孩子的能力会天生自然发展，他们相信，孩子在智力方面可以通过后天教育达到很高水平，他们把教育孩子视为神圣使命认真执行。

他们在各个方面教育孩子，通过培养训练来使孩子形成良好习惯。他们重视自己的责任，把自己该做的完成后，就放心地把孩子送到学校里学习了。

用纪律去制约孩子和体罚教育并不是一样的。很多人仍坚持“棍棒底下出孝子”的观念，因此，体罚教育在很多家庭中存在着。我们认为，体罚教育虽然有一定的作用，但是意义不大。

很多人对于教育的理解是片面的，他们只认为通过教育可以获得知识，对于可以改善孩子的性格弱点，并不是很了解。

如果家长不懂得如何去教育孩子，那么生活是很好的老师。让孩子去亲身经历生活的历练，是个不错的选择。我们必须认识到，孩子天性中带着对纪律的顺从，如果不能忍受约束，那么他将在生活中寸步难行。

家长要重视自己教育孩子的职责，对孩子的将来负责。家长对孩子的管理教育程度，将影响着他将来的身体素质、品质性格和思想感情等多个方面。

用纪律去约束孩子，并没有惩罚孩子的意思。家长都意识到孩子天生对我们的依赖性，他一直在跟随着我们的脚步。现在的家长不再以儿孙满堂为骄傲，儿女也不希望总是听到家长的抱怨和唠叨。

家长的神圣职责，就是教育孩子养成正确的世界观和责任感。

哲学家在召集信徒时，不是靠武力来实施的，而是靠他的学说打动信徒，让信徒产生狂热的追求。因此，家长应懂得该如何去巧妙地引导孩子，使他们甘愿付出努力，去增强自身的能力和培养美德。

学校里，老师根据精心制订的计划科学培养学生，他们对学生的教育是合理有序的，而不是一味的“填鸭式”灌输教育。因此，家长为了让孩子拥有良好的素质，他们对孩子开展各种智力德育训练，一步步培养他们的教养。

忠诚，是孩子与生俱来的品质。在此基础上，加以更多的美德教育，传授给他更多知识，培养他的自我管理能力，磨炼他的意志力和耐心，教导他要谦虚和善良，最重要的是，让他明白爱的真谛。

明智的家长在教育孩子时会利用爱的力量，播撒爱心，帮助孩子，这样系统地培养他们，直至成功。

人无完人，人的每一种特质都会有不足之处。家长要细心观察自己的孩子，他们都有自己的特殊之处。要努力完善他的性情，避免他变得急躁易怒，使他远离冲动鲁莽和固执己见。不然的话，他将成为危害社会的人。

只有通过家长的不懈努力，才能使孩子性情完善，克服坏毛病，健康快乐地成长。

» 孩子是自然人，要按照自然法则进行教育

我现在急切地想要用一种根据自然规律作为指导原则的教学理念，把这些都解释给读我书的人。

最开始的时候，我们一定要知道，我们需要在哪些条件下进行这种理念，然后要让我们的大脑处于一个清醒的环境中，原因是良好的工作态度以及清醒的头脑是我们进行教学活动的基础条件。

这个时候，我们有必要把我们进行这种教学理念的实践场地放到院子当中。我们的目的是想要清楚地把孩子在 6 岁或者是 7 岁的时候

一些自主的行为和成长模式展示给所有人看。

然后，我们会在这些行为当中发现，儿童可以在自身的努力下做哪些事情，可以感知到哪些事情。孩子在专注于一件事情时，都会具备一种异常的热情。我们的总结就是，父母可以多带孩子去大自然中走走，让孩子的天性尽情地释放出来。

在我们进行训练的这个时期，儿童主要表现的是自己对于事物的感知能力，所以说这个阶段我们对于孩子的训练也应该围绕感知水平进行。

只要孩子可以自主使用自己的感知能力，这就表明孩子拥有足够的智慧。我们所要做的事情，就是让儿童根据自己的天性进行自主发展，在必要的时候可以提供一定的协助。

下面我列举出来的就是孩子在进行精神建设的时候，需要特别注意的，虽然这不是一个新的研究点，但是在我看来，这一点非常值得研究，我把这一点看成是一种优秀的教学方式的基础。

我们听过这样一句话："习惯变成自主活动。"我们这些教学工作人员都可以从这句话中获得很多的启发。当然，我想其他的人也会获得启发。

在母亲看来，我们的习惯就好比是做陶瓷的人用的转轮，做雕刻艺术的人用的刻刀，这个是很关键的一个方面。母亲可以使用自己的一些习惯，使用自己在头脑中形成的一些理念以及策划把儿童抚养成人。

但是，我们需要关注一点，我们准备得再多，仅仅是一个充分条件，假如说仅仅准备了转轮但是没有黏土，那么做陶瓷的人根本不可能做出那些精致的东西，所以说我们需要的是所有的东西，制作器具、制作用料还有作品构思。

假如说读我书的人希望更深入地了解一下，我会很愿意再多讲一点，我把习惯当成是父母教导儿童的一种方式的原因是什么。

有的父母很了解这一点，他们觉得这是很自然的一件事情，可是，有的父母却不知道，他们对于这些没有一个系统和全面的认识。所以这个时候，这些父母应该深入地了解一下这个理念，然后观察一下已经懂了的父母是怎么做的。当然，我也要分享一下自己的观点。

在很久之前，我很喜欢去神父那里进行交流，在神父的讲经中，最少有一个月的时间，我从他的嘴中听到了“习惯变成主动活动”这一句话。

在当时，我刚刚成为一个教育工作者没有多长时间，我拥有着充沛的精力，并且很喜欢自己的工作。在我心中，老师这个职业就像是天上的月亮一样美好。

假如说老师要成为儿童的领袖，让儿童进行膜拜是没有一点可能性的。原因是不管在任何地方，儿童只要做了什么不好的事情或者出现什么样的错误，老师就必须要承担所有的责任。

在我们还年少的时候，我们不只是很热情，我们还明白自己肩上的重任。不过，虽然我对于这份工作有很大的热情，但是我并没有看到我所教的孩子有多大的转变，这让我感到非常遗憾。

我教的那些儿童拥有高素质的父母，这些孩子在平时的活动中也没有什么怪异的习惯，所以，我感觉他们都很好。

不过儿童本身所带有的那些缺点没有消失，偶尔，在优秀行为之外，他们也会犯一些错误。比如，看起来非常顺从温和的女孩会说一些没有太大危害的谎话，那些活泼可爱的儿童一直都表现得很懒惰，有时也很没有激情。

上课的时候，我看到的就是这样的情况。那些懒惰没有激情的孩子一如既往，那些跟不上讲课速度的儿童也没有进步，这太让我失望了。不过，除了这些，儿童还是有发展的，他们本身的思想品德以及正常的智力水平也隐藏在他们的内心深处。

能够让这个社会发生转变的机遇到底是什么呢？我相信这种机遇一定存在。假如说我们进行的教学活动就跟拉磨的驴一样一直绕着磨坊转，一直不停地进行天文、地理、数学方面的学习，那么我们进行的这一系列的活动跟让儿童自由玩耍没有两样，一点效果都没有。

这个时候，没有人会想起，在孩提时候，我们曾经很努力地想要记住一些很松散的知识，在以后的生活中，仅仅应用数小时，就会比一年苦学的效果更好。

假如说，我们需要依靠教育获得个人的提升和民族的复兴，那么教育就应该是一些打着教育旗号的，实际上却是一些不断重复的没有激情的工作。

我读着所有的跟教育有关的书籍，我从很多种的资料中进行寻找，仍然没有找到一个可以引导我前进的具有说服力的理念，也就是说，我没发现一种让我心服口服的理念。

我觉得这种理念应该是这样的，不仅仅是能够让孩子的天赋可以自由地发挥出来，并且可以把我们的教学活动准确地定义出来。

我发现了，让儿童从小拥有一种信仰，可以协助他们更好地进行学习，这种信仰让儿童拥有了强大的信念进行这项艰苦的工作，让他们觉得自己所努力的方向是正确的，自己拥有的东西是美好的。

同时，我还发现，我们的律法有效地阻止了犯罪的发生，而我们的生活在爱的围绕中都变得更加和谐。

不过，虽然所有的这些都是外部力量，只能够从外面改变儿童的发展，但是我们的教学活动依旧那样，没有发生转变，就好像是一个在黑夜之中背着很重的东西行走的人似的。

年轻的人们在品德和智慧等领域忽而进步，忽而退步，在时间的流逝中，并没有发生很大的转变，就只是会解一些深奥一点的算术题或者是能够阅读厚一点的书籍。

我们可以想象一下，导致这样的情况出现有下面的因素：虽然说所有的孩子都有一种温暖的力量，不过孩子都没能坚持下来，原因是没有足够的毅力支撑，不能在意志的支撑下做自己需要做的每一件工作。

我们可以简单地知道，这个时候，就是我们教育工作者以及父母需要做的事情，我们一定要支持儿童做完那些因为毅力不足，所以做了一半的工作。

但是，我们要注意自己引导的方法，一旦方法不正确，就会出现儿童让父母包办所有工作的情况。毅力不够，不只是让大人做不好一项工作，同时也是孩子的一个很大的缺点，怎么做才可以让孩子的毅力变得更好，就是我们进行教学活动的主要目的。

孩子不需要耗费多大的力气找要走的方向，那些专家也说过类似的话，其实下定决心做一件事情是很不容易的，这个对于大人来说也是如此，就算是一些不影响大局的选择也是很不容易的，好比这样的，要不要买东西或者是要不要去哪里。

因此，让孩子在错的以及对的之间做一个选择，是一种非常错误的做法。

» 教育者拥有合格素质，才能教育好孩子

一个孩子流露出讨好的神色对你说："今天上午可不可以让我待在家里呢？一次就好了。"这时候，你可能会很容易就答应了。但是，下一次的时候，孩子可能会说："我不想出家门了。"再一次的时候，"我是绝对不会出去的。"他的语气越来越强硬。

如果家长或老师在孩子出现这类问题时不加以原则性指导，那么结果将会造成孩子的专制性格，他变得霸道无礼，争强好胜，令人担忧。

授权者做事不能过于严苛，也不能无限制纵容。他应该是温柔谦和的，做事不拘小节，但是在非常重要的事情面前，他也必须要严守底线，坚持自己的原则和立场。

在关乎孩子身体健康的问题和孩子的职责履行问题方面，家长和老师要严加管教。他们不能对孩子放任自流，不能允许孩子吃大量甜食，避免孩子肆意形成很多坏习惯，监督孩子不能逃避应尽的义务如服从管理、真诚待人、敬爱长辈和认真学习等。

授权者们智慧过人，他们可以根据情况对未来产生准确预测，或者看到事情的发展方向。他们应当尽职尽责，勤于管理工作。他们能力超群，还需要做到“让怜悯者高兴地怜悯”。

家长和老师对孩子进行相对温和宽松的管理效果更佳。现实中往往是这样的：孩子处于正确的地位，而家长和老师却在相反一方。孩子可能会对家长、老师的管理产生抵触情绪，进而掀起反抗运动，形成孩子与家长、老师严峻对峙的形势。

在这个时候，家长或老师就必须细心回顾事情的来龙去脉。如果发觉孩子是正确的一方，那么家长或老师就必须立刻做出妥善处理，与孩子进行及时沟通，达成妥协。过程中要充满温和态度和对孩子的信任，将孩子的抵抗情绪降到最低。

伊丽莎白女王就深谙此道。她将自己塑造成一个双面形象：一面是拥有权力的优秀管理者，另一面则是一个温柔和蔼的女子。

人们都对她的为人赞不绝口，她做事懂得适度妥协和关注细节部分。在危急情况下，她总能表现出沉着智慧的一面，妥善处理问题，令许多历史学家钦佩不已。但她的最优品质并不是智慧，而是像所有授权者那样具有镇定自若、急中生智的心理素质。

她当权不是为了仅仅做一个女王，而是为她的众多子民奉献自己的力量。她的性格中充满爱意和温柔，她有着乐观自信的心态，待人和蔼，善于妥协。

她在看待事情上有自己独到的眼光，总能全面地看问题，然后看清有利于自己的形势。无论一个管理者身处何地，国家、家庭或者学校，以上这些都是他应具有的品质特点。

具备了这些品质，父母对那些顽皮淘气的孩子进行管理就要容易得多了，就像伊丽莎白女王管理她的王国一样得心应手。当时的人们处于多种思想混合的精神世界，对未来生活的幸福充满希望。

将麻木地服从与理智地服从区别开不是一件容易的事。我了解到

一位伟大的母亲曾说道："孩子还很小的时候，我就已经开始训练他服从的意识。"确实如此，从小训练孩子服从合法权威的规范行为，是比较恰当的事情。

赫胥黎先生曾讲过这样一件事情：一名已经退役的老兵，从面包房买了晚餐后，走在回家的路上。一名同样在路上的中士看到他的走路姿势，猜测他一定是当过兵的。

于是他想戏弄一番这个老兵，大喊一声："立定！"霎时间，那名老兵立即站在原地，保持不动，但是突如其来的动作却使得他手中的食物滚落到了旁边的河沟里。

这种服从是属于神经和肌肉的条件反射，也是脑组织的一种习惯性反应，与道德意识毫无关联。

相对其他的服从形式，人们更崇尚理性服从，而且似乎已经成为了一种潮流。我们人类似乎只是由思想和精神构成的动物，我们的身体能由精神指挥而发出迅速的反应动作，就像是船对舵的反应似的。

当然，我们没必要特别在意自身的缺陷，这些都是我们经过枯燥训练后的机械反应动作。

众所周知，在思想方面，孩子都倾向于做正确的事情，但由于自身行为习惯的限制，他们往往会身不由己。

如果我们希望看到将来的孩子能循规蹈矩，听从教导，那么我们必须尽早地对他们实施这方面的培养。我们应当从身边的小事做起，引导孩子在任何小事上的服从习惯，进而使他们能更自然地服从父母的权威。

有些人会有担忧，孩子从小就养成服从的习惯，会对他将来独立做事有不利影响。我们谈论的服从行为大多是肢体神经上的服从习惯，像是"马上回来""身体坐直""快把衣服上的扣子扣好"等。

这就像是在让孩子练习体操运动，为的就是让孩子锻炼身体机能，使他能容易地做出更多漂亮动作。也就犹如机器的操作，一台打字机或者自行车，我们只有经过无数次的训练，才能在无意识的情况下就能熟练地使用它们。

教育孩子并使他们的能力日渐增强，这就是培养他们长大的过程。只有经过了服从他人的训练，才能更好地服从于自己的内心。

古语有云：人们失败不是由于他们缺乏进取意识，而是在他们内心，还没有适应自愿服从的行为。有些人能坚持自己的意志，做自己喜欢的事，他们的未来很美好。但是，也就只有父母才有能力培养孩子克己复礼的习惯。

也许有人会说，人们自己产生的意识是造物主所传递的意志，那么，我们何不按照造物主的意志来培养我们的孩子呢？这样做也是一种高境界啊！话虽如此，但我们不能停止对孩子进行机械服从训练。

很多父母对于孩子的这方面教育非常重视，也能充满爱心地对待他们。相对来说，老年人和青年人的心中都有着这样热切的期盼。

我们要遵照内心需求来做思想上的判断，我们要坚定意志来追求幸福的生活，自觉抵制不良诱惑。这些就是造物主的意旨，我们必须按照要求去做。

一位哲学家曾说过："我们人生中最重要的决心，就是在做决定时的决心。"对此，我们表示很认同，我们经常会面临各种选择：是选这个方法还是那个方法呢？选这种颜色还是那种颜色呢？去这个学校还是那个学校？

做这些决定是让人感到很头疼的事，甚至会使人心力交瘁。面对这样的情况，我们应当相信神圣的造物主，他将我们造就成了具有超强潜能的人。

所以我们可以相信，我们都是带着顺其自然的态度去做的那些大部分决定。我们做的事情，大部分都是受习惯影响所形成的决定。我们的身体也可以将反复的动作记录下来。

刺激手段可以帮助我们减少心理压力，让我们生活得更加轻松愉快。如果我们是个小孩子，那么我们唯一的理想，就是追寻生活中的幸福与快乐，它是纯洁而神圣的。

令人感到担忧的是，一些父母将本该由自己去做的事情，统统交给孩子去做，让孩子为此劳心劳力。

莫德曾经就有这样的经历。她还是个孩子，长期的劳心费力使得她变得精神抑郁，暴躁易怒，脑组织活动异常，面色虚弱并时常有激进行为。医生经过了解诊断，确定她的大脑超负荷工作，必须立刻休学一段时间，还要多呼吸新鲜空气，主要以流食为主。

但经过一段时间的治疗，还是毫无起色。父母也不明白女儿为什么会如此劳累。事实上，不是她繁重的课业造成的，而是由于她每天都要进行 20 次的抉择，这样大大损害了脑细胞。

同时她还伴有强烈的思想斗争，力图挣脱思想牢笼，这就使原本劳累的神经组织变得更加虚弱了。

虽然人们在孩子生活的各个方面都对她呵护备至，但是她的病情依然如故。实际上，孩子的想法与大人们的思想恰恰相反，莫德的意志坚定，做起事来非常果断。她的想法促使她不断做事，最终引发脑神经精疲力竭。

尽管孩子身上还有很多缺点，但他们仍是知书达理的孩子。所以，如果我们给一个聪明灵敏的孩子下达一个无理的指令，那么他很可能不会执行。假如孩子对每个命令都要询问原因，父母则没必要对他们有问必答，明智的父母会和他们的孩子进行妥协解决。

他们致力于培养孩子的良好习惯，以利于日常生活的顺利展开。如果出现了特殊的情况，他们只是会略微提示一下原因。

如果当时情况下不可以说，那么他们可以在给孩子下达指令的时候，大致告诉他们，因为这样做是正确的。家长要尽力和孩子的思想达成一致，避免冲突。

我们可以从管理国家的方法中获得关于权力运用的启示。必须要将防御措施放到重要位置，加强国防力量，如警察、陆军和海军等。家庭权威也必须高度重视提高防御能力，时刻准备应对突如其来的挫折和危险。

如“我们要在7点前读完这篇文章很容易”，或“睡觉之前最好再进行一下温习”。明智的母亲总是会给孩子留有一定时间，让他们的内心能安静下来。给孩子充足的自由时间，让他们去做自己喜欢做的事情。

在重要形势下，千万不能允许孩子漫不经心、心不在焉，不然将会使孩子养成懈怠慵懒的坏毛病，并且难以改正。因为这个时候的孩子，已经陷入到懒散无力、意志消沉的世界里了。

所以，我们在孩子玩耍之前就要做好心理准备，进而能在他们玩得十分尽兴时适时地制止。关于这方面的事情，如果父母能全面思考问题，就会要求孩子只许玩5分钟，而不会允许他们在睡觉前肆意挥霍时间玩耍。

一切关于信守承诺的事情当中，给予教育的人一定都是正直的人并且足够让人们信服，这是一个毋庸置疑的事实。不过给予教育的人也要把所有可能发生的事情想明白，只有这样才能做到一个好母亲或者是一个好上司。

母亲天天跟孩子在一起，她们会很了解孩子的内心世界，也清楚地知道孩子的渴望。在不能跟孩子达成一致的时候，母亲会让孩子注意其他的事情，在这个过程中，母亲不会要求孩子必须服从自己的想法，因为这样做对孩子的成长没有一点好处。

我们都知道，适时让儿童把自己专注的事情换到另一件事情上，会培养他们的生活习性。所以说，儿童成长的每一天我们都要做好，而且不能出现瑕疵。

如果说在儿童很小的时候我们就要求他们按照我们的思路做任何

事情，我们会获得一些想要的结果，不过我们不可以这样要求儿童，我们要做的是对儿童进行适当的教育和指引。

在这个过程中，我们就需要教育者一定要不时地看着这些儿童，还要一直让他们服从教育者的命令，这样做的目的就是要让儿童拥有约束自己的能力，这种情况和那些当兵的是一样的，他们会非常期待接受上级的指示，而且会觉得完成这个指示就是最开心、最光荣的一件事情。

在进行训练的过程中，那些不服从命令、不容易驯服的儿童不喜欢接受教育者的指示，但是，一旦有他们觉得很新奇的训练，他们会变得比任何人都积极。不过能够找到新奇的训练方式，也是艺术的一种，在下面的时候我会一一赘述。

在这个训练中，教育者和受训练的人没有什么不一样的地方，我们也不能很容易就把这两个角色辨别开来，有的时候，那些孩子也是教育者，但是他们教育的是自己的玩偶和玩具。

现在我们再说说学校的教育，在某个层面上讲虽然我们是高级的教育者，不过假如其他的人有更好的教育方式，我们很乐意尝试一下，这个时候，儿童要训练自己本身的能力，我们不能像父亲母亲那样什么事情都帮助他们做好，儿童自己会在挫折中长大的。

我们总结一下，服从不是与生俱来的，服从是上帝给予的礼物。“就像是所有的彩虹都是闪亮的似的，上帝给予的服从就是我们满满的爱。”

让儿童服从算是父母爱护儿童的一种表现，父母都知道这些，在父母看来，服从就是一直反省自己，改变自己，约束自己，最后成功塑造出另外一个自己，不过儿童最后都会明白这是爱的表现。

在儿童的眼中，爱可以让他们每天都睡得很香而且每天都很开心。假如在家庭中想要保证这种服从性，父母也许会用这个方法，就是任何一天都要询问下到底自己的绝对服从权是从哪里来的。

第二章 教育孩子，父母和家庭是最关键的

» 实施教育前，唤醒父母内在的教育本能

伟大的教育家卢梭对于父母有着深刻的影响。他的著作《爱弥儿》，现在的人们可能很少再读了，但在当时，儿童教育者们却从中得到了深刻的启发。

在卢梭那个年代，人们普遍认为，像让·雅克·卢梭这样德行的人要想在任何一个领域里成为令人信任的学术权威是几乎不可能的，特别是在教育学领域。我们都相信他在《忏悔录》里所描绘的那个卑鄙顽劣的自己。

我们没有被他附庸风雅的外表所欺骗，也没有沉迷于他迷惑人心的风格。他当时的大部分理论观点听上去都是那么反叛和背离世俗。但是，卢梭并不像大家眼里那样一无是处，相反，他具有极高的天赋，拥有很强的洞察力，可以探究并发现某些特殊真理。

就这样，在那个真理高于一切的年代里，卢梭成了一个伟大的教育家。到现在，还有些人带着疑问提出这样的问题："让·雅克·卢梭真的是一个预言家吗？"

在欧洲，很多普通家庭都深受卢梭教育思想的影响，很多受他启发的父母都热情地追随着他，这个现象也有力地回答了之前的疑问。

卢梭的影响力之巨大，是其他教育家无法企及的，他们甚至连卢梭的十分之一都达不到。

在卢梭的教育理念的影响和感召下，很多人，如隐居遁世的俄国

公主加利钦，为了尽自己的最大努力教育孩子，与孩子搬到安静无争的地方生活，得到更多时间和精力来履行自己作为母亲的职责和义务。

母亲为了更好地教育孩子做出了很多牺牲，她们退出自己的社会角色，甚至离开丈夫去攻读诸如古典文学、数学等各种课程，在她们心中，只有一个信念："我们活着，不就是为了这些吗？"

这样看来，父母已经意识到了教育孩子是他们一项最重要的工作。

卢梭很巧妙地唤醒了父母的本能，开启了他们心灵的窗户。卢梭能让自己的理论深入人心，这在教育家中是很少有人能做到的。因此，即使卢梭的思想观点中有偏激成分，人们还是愿意追随他。

在如今的时代，很多内心软弱、悲观主义的人常常会抱怨说："我们已经对父母相当失望了，还是多为孩子而努力工作吧！"

而卢梭却是这样说的：**"父母，只有你们才能承担起拯救、传承和延续人类社会的重担。教育子女、使他们长大成才，是多么重要而又严肃的事情，这是只有你们才能做好的工作，相比起来，那些需要人努力奋斗的职业是多么幼稚。"**

这个说法一经传播，得到无数人的赞同，反响热烈，在人群中犹如洪流般激起浪潮，在他的引导下，人们心中涌动起前所未有的教育热情。

虽然卢梭是性格软弱且不受人尊敬的人，但是他在教育事业上的教导却使所有父母更加重视孩子的教育问题，也就为上帝提供了一批又一批合格的子民。

但是令人遗憾的是，卢梭只是奠定了一个这样的教育理论基础，就再也没有后续合理科学的教育方法提出，就好像是建造房子只打好了地基，之后建房人却没有找到合适的材料来进一步建造房屋。

卢梭是成功的，他唤醒了父母教育子女的本能，使父母意识到应当严肃约束自己，认真地对待自己所承担的各种义务和责任。但同时，他又是失败的，因为他在自己的思想还没成熟之前，就把它当作教育模式传播了出去。

即使是这样，卢梭的贡献也是不可磨灭的。他教导人们，教育子女是上帝交与父母的重任，他的教诲在人群中产生了一石激起千层浪的效果，令许多父母开始狂热遵从和追随，并在内心激起教育孩子的神圣使命感。

我们发现所有父母都很认同这个不成文的法定义务，但他们对于义务的明确程度和崇高地位有着各不相同的认识。如果我们把这一义务文字化，形成成文的法律，或许会在父母中间激起更强烈的反应。

» 父母的文化水平影响对孩子的教育

“大家都会说，现在的英国社会各个阶层对于教育目标都有不同的理解，每个阶层要去努力的方向也各不相同。”

对于这些话，我们持留自己的意见，不过它却可以使我们明白自己所在的立场。我们可以用科学的依据来划分阶级。

我们为什么没能在教育领域树立像神学中的教父一样的权威呢？他们能轻易地做出影响孩子教育的决定。

有些智力发育还不健全的孩子需要人们的指导，他们掌握的知识量还很少，缺乏细致的观察力。

裴斯泰洛齐教导他们先观察再描述：“我看到毯子上有一个洞。我看到毯子上有一个小洞。我看到毯子上有一个小圆洞。我看到毯子上小圆洞的周围是黑色的。”如此这样教导，会帮助孩子锻炼观察和表达能力。

但是，我们要对什么样的孩子进行教育呢？我们信任科学基础上的遗传学理论，但还是受到我们实际经验的影响。

“快来看看，这有个东西在喷气。”“奶奶，那个是火车。”一个四五岁的孩子往往比大人们用词更准确、丰富。而且他的词汇量还在不断地增长。对于这些孩子，我们只教给他们单词是不够的，对于教育的作用是微小的。这一时期的孩子，观察能力和感觉能力往往很

敏锐。

因此，我们对这些孩子的培养没必要集中在观察能力上，我们应该重点培养他们有序的观察能力，以及对于事物的准确描述能力。

依靠体力劳动的家庭里一般不了解如何去培养孩子的想象力。所以，给工人家庭中的孩子提供自主性强的游戏，使他们积极参与进自导自演的戏剧节目中，让他们体验快乐的同时也学会编制类似的表演游戏。这种方法很有益。

而家庭教育良好的孩子不需要担心这个问题。他们想象力十分丰富，以至于经常沉迷于自己的梦幻世界里。有时候，只需要文章中的一个词、谈话中的一句话、人物的素描像等，就能激起他们的无限想象，令他们想出新奇的故事。

像丁尼生，上面的想法会一直存在于他的头脑中，有时会停留很长时间，面对土墩和木棍，都能让他想起是城堡里士兵们的攻守战。

像这样想象力极强的孩子，如果让他围绕着老师做一些幼稚如老鹰捉小鸡般的游戏，他可能会感到很伤自尊。虽然他是爱老师的，也喜欢这类的游戏。

想象力的发展需要精神鼓励，如果家长受到过教育，就不会影响孩子想象力的发展，教育没必要专门培养孩子的想象能力。

在孩子的推理能力方面，也不需要过多的担心。很多父母可能都会有这样的经历。

汤姆5岁，有一天母亲跟他说起，她不明白海底电缆是如何绝缘的。第二天早上，汤姆告诉母亲，他想了一夜，是不是海水就是一种绝缘体？

如此看来，我们没必要担心孩子的推理能力，也无须大力地开发它。天资聪颖的孩子脑子里往往会有好多个“为什么”，父母则把这种情况归功于上帝赐予孩子的天赋。

开发智能对于无知又有缺陷的孩子来说异常重要。在教育那些愚昧无知的孩子时，第一任务就是开发他们的智能。

受过家庭教育的孩子往往具有较高的素质能力，他们对各种事物充满好奇心，对教育和知识充满渴望，而且拥有敏锐感觉思维。

对遗传学原理的重新认识，使我们意识到自己教育孩子的神圣职责，意识到聪明父母教养的孩子往往能力超群，拥有较强的自主能力。

这样，教育领域被分为两个部分，一部分是对有家庭教育背景的孩子的教育，另一部分是对无家庭教育背景的孩子的教育。事实上，我们常常在日常生活中避免提及的阶级问题，确实存在于教育领域中。

教育必须根据主体的情况实施，它可能对一个阶级中的一方有利，但对于另一个阶级的另一方可能就显得不那么重要了。

如果科学限制了我们开发能力的范围，那么它也将影响我们的习惯培养。托马斯·阿·肯皮斯说："一种习惯克服另一种习惯。"我们赞同这一观点，我们认为，生理学家对于习惯的基本原理已经讲解得很透彻了。

父母要注重培养孩子正确的思维方式和言行习惯，在各个场合和时间注意规范孩子的思想和行为。父母对于孩子已经知道的事情也要细心留意。

父母还要时刻记得，**用仁爱之心和高尚情操去感染孩子，给他们以精神养分**。受到很好家庭教育的孩子，能用自己的方式去接受这些美德教育，并最终吸收为自己的营养。

要知道，父母偶然间的一句话可能就会鼓励孩子去树立起一个兴趣爱好，他们为之努力，很可能成为一名画家、政治家或者诗人。

对孩子进行课程教育的目的有两个：一是要培养孩子的思维和心理习惯，如敏锐度、准确度、反应速度等；二是要用高尚的思想来教育和感染孩子，这对于他将来的人生大有益处。

我们要充分熟悉和运用那些已经成熟的教育原则。现在，我们要做的是重视教育上对习惯和思想的培养，把它们作为重要目标去执行实现。我们必须明白，教育的最高目标不是开发智能，因为在这一方面，

前辈们已经为孩子做得很好了。

关于人性的物质性和精神性，我们都比较认同。那么它们是如何起作用的呢？当今的人们有在思考它们的吗？它们是很实际的，它们使得人们对于人性的物质原理和精神原理有了更多、更深刻的理解。我们对于最高水平的生物学家的问题已经有了心理准备。

当他们说到“思维只是一种情绪模式”时，我们并不觉得很诧异。因为在我们的大脑中，绝大部分的思想不是由我们自主形成的，而是被习惯限制的大脑组织发生了改变之后的结果。

君子坦荡荡，小人长戚戚。君子都有高尚美德，小人则都是心怀不轨。我们往往通过习惯性思维来思考问题，这在生理学上是很常见的现象。我们要明白，精神比精神控制的物质更加重要。习惯的来源往往能控制我们的思想，让我们精神振奋。

我们认为，造物主是最伟大的教育家。我们意识到思想的力量是无穷的，它是人类生命发展的动力。造物主对我们施以反复的教育，他在各个方面对我们进行教育和管理。

我们无法避免思想的影响，无论这些思想是通过阅读、教授等手段来传播的，或者是不自觉地萌生出来的。

教育和学习越来越得到人们的关注，思想有着好坏之分。因此，孩子在接受教育的同时，学会鉴别思想的好与坏，在自己头脑中对于众多思想做出明智的选择，是孩子自身的重要任务。我们应该使孩子具备这种选择能力。

我们应该时刻自省，对孩子各方面的教育内容是否涵盖了丰富的思想。我们必须意识到，教育的主要目的并不是开发智能。

我们总是会把一些无重要思想根据的课程看作是无用的、无效的，将它们束之高阁。但我们又不是墨守成规地保留一些课程科目，我们也没有训练合理、清楚严谨的思维习惯。我们进行思想训练的目的就是培养训练合理、清楚严谨的思维习惯，以及开发我们的智能。

学习数学、语法、逻辑等课程的目的并不只是为了训练能力，如果一个像公牛一样粗鲁的人也具备智慧的话，那么学习这些课程就能开发他的智力。

学校方面不能一味地摆脱传统的教育模式，因为这些传统模式在开发人的某些能力方面是效果显著的。然而我们更加看重的是，它们的运用，能在人的大脑组织上产生智力习惯的印记。

» 父母教育孩子，一定要遵循教育规律

我们都知道，当今社会的一些女性通过接受教育，已经获得比较高的地位，她们对于事业和工作的热情也空前高涨。毫无疑问，社会需要这样独立的女性。

如今，随着教育的普及，越来越多的女性受到良好教育，使她们有能力成为一个独立工作的职业女性。即使不是为生活所迫，她们也乐于找一份稳定的工作，贡献自己一份力量，做一些有益于社会的事。

裴斯泰洛齐认为，造物主选择母亲作为孩子的第一监护人，就是要让母亲对孩子付出所有的母爱。孩子天生已经具备了完整的器官，但如何去开发利用它们，还需要母爱的引导和教育。母爱的付出决定着孩子的未来是否幸福快乐。

一个母亲能时刻铭记自己的职责，加上她所受过的高等教育，她将会把自己教育孩子的工作做得非常出色。她们认为，孩子在6岁以前应该由自己教养，而不应该交给任何其他人。

她们极富责任心，把教育孩子当作是自己的重要职业，就像男人们在自己的事业上那样勤勉奋斗。

母亲会充分重视这份职业，所以她们会努力学习相关教育理论，并根据孩子的情况因材施教，而不会听信那些没有事实根据的教育方法。

赫伯特·斯宾塞说：“在对孩子进行德、智、体等方面的教育时，总是存在着各种各样的缺陷。”

父母对于教育孩子不甚了解，导致了他们在教育上的不足。令人遗憾的是，很多人在面对复杂问题时，从不认真思考如何去寻求解决问题的原则和办法。

人们想要从事制造、建筑或者驾驶司机等行业，必须经历长时期的学徒练习。那么人类的身体和心理是如此简单而容易调整的吗？如若不是，这一过程将比人的天性更为复杂，而且我们要对它进行控制将是艰难无比的，所以我们对此要做好充分的准备。

父母想要抚育好孩子，就要储备大量的相关知识，像生理学第一原则的知识，以及心理学基础知识等。下面所说的都是经得住时间考验的事实：

孩子的发展需要根据一定规则进行，父母在抚育孩子时必须要认真遵循这些规则，否则将导致孩子心理、生理方面发育不健全等不良后果。

只有遵循规则行事，才能让孩子发展得更加完善成熟，达到比较理想的目的。因此，那些已为人父母或者即将为人父母的人们，都必须认真学习这些规则。

父母常常把孩子看作是一张白纸，以为可以在上面按自己的意思来涂画。但是随着孩子的长大，他们会越来越具有个性品质，到那个时候，父母对孩子的教育干涉也会越来越少。

孩子在初期一般表现得令人奇怪，父亲的教育可能使孩子心情愉快，母亲的教育则会导致孩子的性格沉闷。这也是令大人们疑惑的地方。随着孩子渐渐长大，他们就会产生自己的个性、情感，变得拥有意志力和欲望，好奇心也冷淡下来。

当孩子沉迷于自己的书籍世界中，或者乐于参加男孩子的游戏时，父母对于这样的现象就会习以为常。这时，父母的观念转变为管理负责孩子的一切生活。

父母最希望看到的，是孩子能像花儿绽放一样快乐地生活。孩子有了自立能力，父母会感到很是欣慰。孩子自主性的增强，使得父母对他们的付出也相对减少了，之后，他们能做的，就是为孩子提供身体所需的食物。

现在我们理解了，孩子的发展能够通过自身调整来完成，父母要做的就是抚养孩子，给他们提供有利的条件，包括他们成长过程中所需的营养——无论是以书籍、课程、朋友、牛奶面包还是以母爱的形式出现。

很多父母认为，教育就是按照家长的观念来给予孩子营养、爱护和教育，然后让孩子自由地按照天性发展自身。

其实，父母在抚养教育孩子之时，允许孩子能自由按照天性成长是最好的选择。这样的做法对孩子的成长来说大有裨益，除非父母溺爱孩子，否则将不会产生任何消极的影响。但“放任自流”的做法并不完全符合人类的发展法则，它还很不完善，不能全面反映父母的职责。

有关于孩子的事情使人劳心费力，在我们看来他们愚昧无知的言行举止，其实蕴藏着特殊的含义。父母必须要有一双善于观察的眼睛，才能洞察到其中的秘密。孩子自由开阔的思想里蕴含着教育的希望和方向。

以前的教育者前辈们总是谈及“家庭是国家的基本单位”。这句话其实包含很多教育理念，像整体大于部分、整体包含部分、整体决定部分等。

因此，我们可以说，孩子是国家的财富，理应由国家抚养教育。教养孩子不只是为了父母的心愿，更重要的，他们是国家的未来和希望。

所以说，父母拥有对孩子的教育权，但同时也要记得，孩子是国家的财富，每个人都肩负着抚育孩子的责任。即使有些人未婚或者没有小孩，他们也同样要参与到这个过程中来。

传统教育认为，父母在教育方面没必要面面俱到。现如今，传统教育仍存在于我们生活中，在这样的模式之下也培养了很多的孩子。

教育家前辈们的宝贵经验，总结成一条条的至理名言流传下来，教育者们从中吸取精华，将少数格言付诸实践运用。

那么在教育领域中，科学是如何起作用的呢？我们无法得知。传统教育模式在实际运用中存在着种种缺陷，然而这时候，新的理论还未经推广普及，于是家长只能利用目前已有的资源，再加以自己的观念改造，自主创造出新的教育模式。

根据原来提到的规则，为了让孩子更乐于接受教育，不产生愤怒抗拒情绪，母亲不得不对孩子妥协。现在，孩子的人权被看得很重，尽管他们犯了错，由于道德上的观念，还是不能对他们进行惩罚。

关于儿童的一贯观点是，过多的欲望会导致犯错，对于犯错的孩子要实施体罚。孩子的食物提供要求跟他们年长一些的孩子水平一致。之前，我们总是把孩子的食欲当作是不好的欲望，往往会压制他们的想法。现如今却成为了父母为孩子提供食物的准则。

我们应该培养孩子成为一个能历经磨难的人，这是经验之谈。曾经有一个被带出去观看火把队伍的5岁小孩，他说："如果不能经历风雨，那么我又何必远航。"在苦寒天气里，他不在乎温暖的屋子，积极进行自我锻炼。而现在的孩子却时时处在呵护之中。

在以前的教育理论中，孩子要遵循父母的期望，将努力学习作为自己的责任。而现在的孩子只是从要求中获得满足和快乐，而不是履行责任。

之前，孩子是在被动教养中长大，现在，家长不得不做出妥协，让他们在自主自立中成长，成为整个世界的中心。

在英国，我们很少像《法国人的家庭生活》一书中写的那样，给3岁的女儿脱衣服让她睡觉，直到她睡着了才能偷偷溜出来参加宴会。我们不能肯定是否会这样做，但这也是我们的一种倾向。

新的教育理论更加富有智慧，更加宽容，它融会了生理和心理学方面的知识，并高度反映了我们的心理倾向。

规划达到目标的方法要考虑两个方面：一是达到目标该采取的方

式，二是达成目标所需的详细步骤。也就是说，要达成目标，使用的方法就是能让目标实现的观点和步骤。

我们教育孩子需要用什么样的方法呢？应该用一种遵循自然而又简捷谨慎的方法，这个方法还需要一定的可监督性和强制性。

从教育的目的方面看，教育方法不像太阳光照的效果，自然而直接地使万物运转，它需要的是综合运用各种手段来达到目的。

这样的意思是，父母在运用方法教育孩子时，要充分利用一切孩子身边的环境因素。运用简捷自然的教育方法可以使孩子很容易地接受教育，就像呼吸空气一样简单。

幼儿园的教育方法由具有教育资历的成年人经过思考并建立，他们运用此方式来帮助幼儿的发展和成长。可是一些愚昧的教育者的观点却与此相反，他们认为这也只是一种机械无知的方法。

体系比方法更简捷，它是独具匠心的设计构思，效果比方法要好，而且可以保障目标的实现。按照系统方式，某些发展目标可以通过遵循规则来实现。通过体系方法，我们可以学会多种课程，如速记、舞蹈、会计等，以及如何成为一名伟大女性。

体系是人们在生活中按照形成的行为习惯、依靠某种固定方式做事的形式。如果把人类当作机器的话，教育就是使它按照一定方式来运转，教师要做的就是努力适应一个工作体系。

但教育者们要注意自己的言行举止，引导孩子朝正确的方向发展，避免消极因素的影响，积极开发他们的潜力，帮助孩子在未来社会中立足。

体系是一种具有显著效果的教育方法，然而它也有不足之处，它的运用将一个个鲜活的个体机械化了。

我们还要知道，体系与方法不同。很多父母都认为，教育只要有了科学合理的体系就可以了，他们的培养目的往往比较单一，比如让肌肉更发达、记忆能力增强等。

这种教育观念比较狭隘，也没能正视教育上的全面发展。事实上，这也体现出人类天生的惰性，人们更乐于接受固定的安排，而不去想那些难以预料的事情。

现如今的人们，教育孩子时，已经不再关心孩子都是一个完整的存在。父母往往会为了孩子的进一步发展，而尽量减少孩子的劳动，但我们认为，从长远角度看，最重要的其实是尽可能地给孩子创造有利于他发展的良好环境。

» 孩子所受的教育，绝大部分来自家庭

通过对赫尔巴特思想的理解，雷恩教授发现，学校里的老师对孩子的性格、家庭、社交、精神信仰等方面有着不可避免的影响。事实上，每个孩子都必然会受到老师的影响，因此，我们应该重视老师的作用。

赫尔巴特跟我们同样认为，家庭成员聚在一起生活，孩子很容易对父母产生依赖，因而父母也可以更深入地了解孩子，增进彼此的感情。由此看来，孩子教育的最重要部分是在家庭中完成的。

家长作为家庭的首领角色，得到全部家庭成员的信任和依赖，这种关系也有利于全人类的了解和亲近。

如果一个孩子从小是在一个美满幸福的家庭中成长起来的，那么他很容易就拥有一颗善良的心。在一个家庭中，家长都以“老吾老以及人之老，幼吾幼以及人之幼”为准则的话，孩子也就会变得更加懂得爱以及如何去爱人。

假如一个家庭在外界声誉良好，而且与周围邻里相亲相爱，那么这个家族的子孙后代都会效仿先辈们的做法，孝贤仁爱。反之，如果一个家庭里的家长没有以身作则，那么很可能会出现不肖子孙。

每一个家庭都可以说是人类社会的缩影，父母作为家长，常常是孩子眼中模仿与学习的典范。父母在家庭中处理人际关系的方式方法，将对孩子产生深刻的影响，以至影响他们将来的待人处世方式。

实际上，由于各种模糊意义上的教育目的，我们很多人都还不清楚，

教育孩子究竟要达到一个怎样的目标。

一般情况下，我们是不追求除目标外的东西的，但由于我们对要达成目标认识模糊，教育的结果往往不尽如人意。所以我们将在下一章研讨关于启发性教育的目标等理论。

卢梭认为，应当把教育的大权归于自然，那么教育者们是否也该赞同这个观点呢？

如果是那样的话，那我们就如同赫尔巴特说的，又开始犯以往犯过的错误。然而，我们又是否该信从洛克的培养适应世俗生活的孩子的理论呢？

事实上，我们还是更信赖贝斯多的观点，即把孩子培养成真正对人类社会有贡献的人。这才是我们所认为的教育目的。

但这是一个符合我们理想的目标吗？那样做是不是就会使孩子与社会习俗相抵触，与社交习惯相背离？这也是一直让人忧心而又值得深思的问题。

想要有一个经久不衰、且为人类进步事业做贡献的职业，就该一直不懈坚持最高的教育目标，这样才能为实现这个崇高目标提供可能。

因此，我们提倡教育者们在心中建立起崇高的理想目标，如果他本身更欣赏这个理想，那么裴斯泰洛齐就能够为他提供信心和支持。裴斯泰洛齐的观点是，通过对人各种能力的和谐培养来创造全人类的幸福。

“让孩子学会自立”“让孩子学会自学”“让孩子能青出于蓝”。这些话听起来让人觉得很有吸引力，但实际上，做到让人满意很不容易。

教育家们希望人们都能明白和谐培养能力的含义，明白天才应该知道的东西。单一正规的教育目的并不能够对教育家们产生多大的吸引力。

在教育学历史中，也曾有过很多为确定教育目标而做出的努力，但这些并不能很好地引导我们去实现自己的目标。

因为在这些努力中，没有很明确地提及自立的含义、如何培养孩子自立、自立的前景或者最终要达到的目标是什么。然而实际上，拥有了自立能力的孩子，不仅能利用此能力来获取自己想要的，也同样能利用此能力去达到他们的不良企图。

根据我们对于赫尔巴特理论的理解，他的教育理论并不是以知识为基础，而是以严谨的伦理学为基础的。由此我们可以知道，对于人来说个性发展是最重要的，而智力发展和智力培养就退居第二位了。

由于个性培养和智力发育完全可以通过自然的方式而发展，而文化课程所拥有的较高的伦理价值只能对孩子起到鼓励或者约束的作用。我们在教育孩子时，也往往会有这样的说法：“老师这么做的目的是想帮助你们发展自己的个性。”

到此为止，我们跟赫尔巴特的观点是相同的。而且，我们根据对生理学的研究，也终于确定了赫尔巴特一直追求却没能实现的目标。

赫尔巴特认为，心理学对我们有着巨大的帮助，但是想要从心理学家们口中得到一致的答案几乎是不可能的。

因为在心理学领域，也同样普遍存在着很多模糊性认识，他们在灵魂性质问题上也说法不一，除此之外，还有在经验主义之下遇到特殊困难的情况，所以想要从心理学家那里得到一个确切的说法几乎是不可能的。

在心理学上，我们十分赞同这一结论，但是从在生理学启发下的心理学角度看，我们的看法又有了改变。教育者们通过对物质和意识结合点的研究，创造了更多丰富多彩的成果。

大脑是习惯的养成基地，因此，在某种程度上，习惯是属于有形文化的，约束习惯只能分布在教育领域的第三部分。随着现代科学的高度发展，我们竟淡漠了这位50年前的学者。

之前提到过，我们完全赞同赫尔巴特的观点——教育孩子过程中要培养他们的伟大思想。但需要补充的观点是，我们的习惯和思想要建立在物质基础之上，并且还要不断地进行充实和完善。

他人灌输给我们的思想并不能使我们具有自己的个性，我们只能靠这些思想培养我们自己的习惯，再通过习惯来建立成果。

如果这两条原则为教育界所熟知和遵从，那么教育领域必然会出现更多诸如实用方法、明确目标等可能性。所以，我们的探索不是盲目迷茫的，而是要努力培养出更多有理想、有文化、有道德、有健康、热爱生活、热爱知识艺术、热爱自然和热爱劳动的人。

我大胆地在这位伟大教育家的理论基础上提出我的个人看法：他的根本错误在于扼杀人的个性倾向，思想深度太高以至于施教失败。

但是值得庆幸的是，这些基本思想作为世界遗产的一部分，某些部分吸引着伟大的教育家赫尔巴特，因此我们也把它们加入了我们的思想体系。

» 加强外部联系，给孩子创造开放的家庭环境

“家庭是国家的基本单位”，这一说法在某种程度上表明了父母应承担的职责。

展望人类社会发展的各个时期，公社性质的社会状态屡见不鲜，公社生活有利于人们在公共事件处理和宗教活动事务上进行良好合作，还能帮助人们抵御敌人入侵以及不平等的环境。

但无论进化到哪个时代，公社社会的基本准则是不变的：全体社会成员共享一切事物。我们不假思索地认为，这种形式最终会失败，但实际上并没有。

美国有很多管理良好的公社性质机构，这跟美国有利的环境有密切关系，雇佣劳动不像在英国那么普遍，比较合乎公社存在的条件。

尽管如此，政府企图将民主原则与公社原则相结合，以用于统治，在进行新的尝试时，却遭到了极大失败。一种机构要想长盛不衰、繁荣发展，就必须只能由绝对统一的制度来领导，若是在公共事务中将两种原则混合，那么结果将会是派别间的互相诋毁和自以为是。

家庭其实也可以算是一个公社了。一个家庭里，成员们地位平等，恪尽个人职守，平等共享家庭全部财产。

家长制盛行的时代，往往是许多个家庭组成部落，家长作为部落首领，具有强大的权威。我国的家庭规模普遍较小，成员主要是父母和嫡系子女。除此之外，自然隶属于这个家庭的随从和亲属也是家庭的组成部分。

家庭规模较小的特点让我们很难发现它的其他特征，我们认为自然公社即家庭是国家的基本单位，但由于它本身规模的小巧玲珑，只适合小规模工作，于是我们很难发觉，每一个家庭都拥有着国家的一切功能。

众所周知，如果一个国家文明程度很高，那么就会大大有利于这个国家建立更多的国际友好关系。相反，如果一个国家贫穷落后，文明水平极低，那么它跟其他国家的联系就会很少，在国际上就会更孤立无援。

一个国家应该是广结朋友，而不是只与一两个国家打交道。同样的道理，如果一个家庭拒绝与外界联系和交流，那么就会使这个家庭的知识道德水平渐渐下滑。

一个国家要想强大，必须找到合适的途径来发挥自身的功能，或者说，国家强盛与否也跟是否拥有众多愿意被纳入国家统治领域的领地和属国密切相关。

家庭可看作是国家的缩影，一个家庭为了追求更高层次的生活，往往会乐于助人，力所能及地帮助朋友，做许多善事。

国家也犹如人类的身体一样，是由无数肌体所组织成的整体，家庭作为国家的基本单位，不仅应该和睦邻里关系，善待友爱他人，更重要的是尽家庭之力为国家做出应有的贡献，这样的家庭生活才能称得上完美。

总的来说，要做到共享公共利益，共担公共事业，均分公共福利。

要保障家庭和国家的完整统一性，否则家庭就失去了完整性，不再是活的整体，也很可能会变成坏死的组织，危害国家。

国家在与世界各国进行交往、加强交流联系、促进共同进步的过程中发挥着重要带头作用。家庭是国家的单位，也要树立长远目标，不局限于在本国内获取自己的利益，而应该勇于承担起必要的责任。

那样的话，我们便很容易达成了《博爱》里美好而崇高的理想：人们不是靠血缘关系而是因为爱而组成、隶属于一个家庭，由于联盟契约的关系而出现家庭组成国家、国家之间由爱结盟、进行美德竞争的现象。

家庭、国家以及其中包含的各个组织，都在认真扮演着自己的角色。

就像发酵剂能催发大面团一样，“小家”和“大家”之间也是相互影响的。每个家庭都必须了解家庭契约的性质和义务，明白自己所处的地位和职责，来维护好神圣秩序。就如河水淹不过源头一样，我们的生活也受制于我们对自己的认知。

对家庭观念、教育和各种社会关系的重视，究竟能给我们带来什么实用效果呢？这样做能让我们增强能力，让我们在生活中轻而易举地找到解决问题的方案。

我们该给予孩子怎样的教育？我们该重视哪个学科呢？对于这个问题，一门或者一组的学科在道德上让我们看到了希望。

处理好各国之间的友好关系，是一个国家的基本义务。在有些情况下，作为国家的组成部分的家庭，也扮演着与其他国家的家庭进行对话交流的角色。

这样说来，学习并掌握邻国的语言并不只是为了本国知识文化水平进步，更是为了联系四周的兄弟姐妹们，追求更高家庭的道德规范。

因此，对孩子进行语言上的教育是必不可少的，每个孩子在努力学好母语的同时，也要至少学习两门外国语言。

一次，一个年轻漂亮的女子和她的母亲一起去一个德国家庭做客。

那时，只有她们母女是英国人，于是，这个女子直到宴会结束前，一直在看她带过来的一本书，没有和别人交流，甚至没有吃任何东西。

然而她不知道，其实德国人比我们英国人更善于交流，但是她在整个宴会中都沉浸在自己的书里，偶尔跟她的母亲抱怨几句："这里又乱又嘈杂，完全不知道他们在做什么。""这里这么无聊，要待到什么时候？"

她还没有领会到，每一个家庭都不可能做到与世隔绝，不与外界联系。如果她能明白自己和母亲同时还代表着英国的形象，有义务去了解德国人的待人接物方式，那么她将在宴会上主动去和德国人交流。

我们将回归家庭传统模式作为一个具有重大意义的课题，应该进行进一步的思考。

在此引用马奈先生对《爱弥儿》的一段精彩评析来总结："教育和家庭终于可以放在一起让人思考了，在这场关于家庭重建的浩大运动中，人们对于教育的认识提高了，但还只是一个阶段性的改变，在本世纪中叶之后，法国产生了伟大的运动浪潮。"

"教育上开始把父母与孩子各个年龄时期的联系，容纳进自己的体系内容中进行思考。人们对于这些关系有了更加全面的了解，更希望建立起相亲相爱、情真意切的密切关系。"

卢梭在"回归传统家庭模式"的伟大运动中做出了不可磨灭的贡献，让我们看到他对人类社会的感激和崇敬之情。

事实说明，他的著作《爱弥儿》给人们带来了巨大而持久的影响力，长期占据着人们的思想空间。现在我们发现，法国的家庭关系依然比我们英国更加亲近温暖、柔和宽容、关爱体贴。

法国家庭的这些行为在全世界引起了相当大的反响，在法国人身上，形成了人类宽以待人、仁爱友善的品行。

家庭的友爱和谐让年轻人们觉得很是满意快乐，甚至不去想男欢女爱的恋情。母亲努力促进与女儿之间的友谊，女儿则向母亲报以热情和赤诚之心。虽然左拉并没有描绘这样的情景，但是法国女孩们的仁爱之心得到极大支持和赞扬，因而她们是纯洁、美丽、善良的。

在我国，“回归传统家庭模式”是需要每个家庭每个人参与的伟大事业，相比我们的前辈，我们的家庭契约变得宽松，每个人都可以在自己家庭中从事这样的工作。

我们英国的家庭生活是令人感到满意和幸福的，但事实上，我们必须要懂得，不断学习新的东西才能使我们更智慧。

一个国家就像是一个人一样，会依自己的性格来处理事情。尽管我们对英国的家庭生活感到满意和幸福，但是我们也还是要多学习法国家庭宽容大度的特质。

在法国，家庭成员诸如长辈姑嫂、侄儿外甥、鳏寡孤独都受到整个家庭的爱护，家中的随从侍女也都有自己专门的小房子。

孩子从小在这样的家庭环境中耳濡目染，渐渐地培养出礼貌温和的气质和顽强的意志力、严于律己的能力。他们极高的素养也促使家庭生活变得更加幸福美满。

在我们英国家庭里，我们不会把他们那些人当成家里的成员那样爱护，反而觉得他们妨碍我们的家庭关系。万事都有好坏两个方面，法国家庭生活的特质也不是完美的，我们不能照搬照抄，但谁也不能否认它的确为我们提供了努力完善的方向。

除此之外，虽然我们说英国的家庭生活是很让人满意的，但却很容易出现家庭的自闭和与世隔绝，我们应该向邻国的家庭学习，像他们一样，家庭之间要建立友好关系，扩大交流，加强联系。

» 避开专制，为孩子创造民主的家庭环境

我们还是把家庭看作是国家的缩影来谈。

这个“国家”不仅要行使“权利”还要履行“义务”，要懂得如何去约束“公民”。所有的家长也应具备管理这个“国家”的能力。

这里提到的家长就是“政府”，但是这个“政府”是专制的。有

些家长在与孩子相处时懂得爱护和包容，但是也有些家长会因为孩子犯了一点小错误就大发雷霆。但是不论如何，家长都无法逃脱教育孩子的职责。

现在我们要问家长一个问题："你的治家方法合理吗？你知道如何去维护自己的权威吗？"

我们都明白，一个自私的法官、虚伪的牧师或者一个无知的教授，都不能在各自的领域内履行好自己的职责。就像昏君不能够治理好国家一样，如果没有一个能力强的家长来教育孩子，也很难培养出出色的孩子。

对于国家而言，统治者还可以请其他优秀的人来治理，但是在家庭里，父母对于子女的教育职责却无法找人替代。若是找人帮忙教育，父母还是要明确自己的职责任务，否则将失去家长资格。

盎格鲁印第安夫妇的故事至今发人深省。

那对夫妇把孩子交给别人抚养教育，虽然监护人从小就教育孩子长大要孝敬父母，但效果却不理想。几年后，那对夫妇回到孩子身边，孩子却对他们如同陌生人般冷漠置之，毫无亲情可言。这样的结果让人觉得有些痛心，这是父母没有尽到职责的后果。

一些家庭为什么会出现巨大风波呢？我们来探究一下出现风波的原因。一些家长太过自我，作为家庭的权威，他们自认为拥有上帝赐予的神圣权力，所以强迫孩子从一出生便开始服从他们的教导。

李尔王似乎忘记了自己的权威，沉迷于大女儿和二女儿的甜言蜜语中，极力满足她们的需求，而当诚实正直的小女儿说出自己的真实想法后，李尔王却觉得她大逆不道。

于是，我们便看到了李尔王对着狂风痛心地哭诉："不孝的女儿是多么可怕啊！"的确，不肖子孙会让父母痛心疾首。

李尔王只沉醉于女儿们的温软话语中，忽视了自己作为家长、父亲应承担的职责，没能很好地尽到责任，也使得女儿们忘记了自己该尽到的责任。家庭问题的重要缘由之一便是溺爱。

一位作家曾经用这样一段生动的对话来描绘现在的家长："你是不怕我的，对吗，白茜？""是的，当然。你满足我的所有要求，对我温柔体贴，我一点也不怕你。"

很多慈爱的母亲都渴望得到孩子的爱戴，她们听到这样的话往往会十分高兴，但如果得不到孩子类似的鼓励，她们就会心生不安，害怕孩子会变得无礼和不孝。

我们可以利用很多途径来获取权威，其中必不可少的一种方式就是赢得孩子的爱戴。普洛斯佩由于把时间都花在自学和修行上，无暇照顾子女们，于是他的权威便逐渐转移到了安东尼奥手里。

这个故事启发我们，如果我们不能尽职尽责，那么我们的权威就会像丢弃的东西一样，流转到别人手里。

现在，很多家长都忙于自己的事业，从不留出时间认真照顾孩子，当他们真的有了时间想好好关心孩子的时候，孩子却已经不能跟他们很好地沟通交流了，"父母"这个称谓对于孩子来说也变得漠然了。

有些家长只顾自己享受生活，他们对于孩子的态度是松散放任的。虽然人性本善，但是父母却不能因此而推脱掉把孩子教育得更优秀的责任。因为孩子不仅仅要有一颗善良的心，还要有为国效力、贡献社会的雄心壮志。

教育子女是一件劳心劳力的事情，而贪图享乐、追名逐利、忙于事业并不是父母丧失权威的全部原因。其实，真正的原因是，家长本该承担国王的重担，但却像悠然的王子一样，憧憬着寺庙里清静无事的生活，逍遥自在，毫不费力。这样一来，权威便没有了。

教皇的权威也是靠自己勤奋工作来维持的，这种权威不仅代表了教皇本人的荣誉和尊严，更重要的是它有利于教皇更好地行使自己的权力。

有些家长认为，维护自己的权威就要对孩子进行专制统治，严厉

压制个性，凡事都把自己的尊严和荣誉放到第一位。这样的做法是非常恶劣的，还不如不履行职责好。

家长的尊严和权威需要很多规则来确保，因为只有这样，才能更好地让孩子顺从家长的命令。

其实，在孩子身上，很多优秀品质如恭敬礼貌、善待他人等都来源于家庭的教育和引导。在现今竞争激烈的时代，如果没有了家长的鼓励和教导，那么尊重友爱、待人忠诚这些宝贵品质很可能会消失。

在这个民主盛行的时代，我们再谈权威好像有些不恰当。

有些教育家甚至认为，孩子从一出生就要被平等地对待。但孩子天生就有依赖和服从父母的特点，因此家长的权威是不容易被破坏的。事实上，家长对孩子充满着怜惜和爱护，在荣誉的影响下，会在不知不觉中摘下严肃的面具。

孩子把自己的家庭当作童话里的王国，父亲是国王，母亲是王后。父母能相亲相爱，共同努力营造一个幸福美满的家庭，对于孩子的成长是非常有利的。

孩子从小在这种美好的氛围下长大，就容易养成美好的品德，懂得如何去礼貌待人，长大了也容易受到他人的喜爱和尊重。

尽管我们允许教育改革过程中出现失误和挫折，但我们也十分希望能拥有一套完善、科学的教育思想理论，来培养一批又一批合格的社会人才。

家庭专制来源已久，家长一贯认为，专制统治是非常有必要的。亚伯拉罕也是来自于一个专制家庭。相比对待家人相亲相爱，以高姿态对他们进行专制统治就显得十分容易了。

我们对那些比自己地位高的人或者处于不同阶级的人，最好选择敬而远之或以礼相待。如果身为孩子，那就更需要这么做了。让孩子做到缄默不语是让人困惑的，但这样的要求也并不是无理由的。

孩子在兴奋激动之时，常常会有一系列的精神沟通。我们在回忆童年里不堪回首的记忆时，想到那时候经常因为一句话而深受鼓励，忘记自己心中的悲伤和落寞，从而成为我们心底的秘密，伴随我们一生。

查尔斯夫人在她的自传中，讲述了自己童年时的苦恼。那时的她，经常做一个相同的噩梦，梦到母亲不见了，自己在一幢陌生又黑暗的大楼里找寻母亲，漫长恐怖的走廊似乎没有尽头，她十分恐慌，但却丝毫看不到母亲的影子。

这很可能是由于她的内心对黑暗非常恐惧，但她没有向母亲述说过自己的苦恼。家长再多的呵护与关爱，也不见得能使孩子的心扉长久地敞开。

我们也许会认为，在这个不可理喻的世界上，孩子身上有着很多无法言说的神秘压力，还可能觉得，我们每个人都应该放弃关于独立自主的观念。

有些人明白孩子的心理，所以孩子可以将自己的困惑提问出来，但他们不明白这样做的理由。虽然我们不能敷衍孩子，但我们还是不能将心中真挚的同情心表达出来，这样会使孩子感到抗拒和反感。

我们可以告诉他们，提出心中疑问和告诉别人解决问题的办法，能够很好地抒发内心情绪。父母拥有权威，进而可以对孩子进行教导，而孩子也可以得到自由发展。

我们看待教育问题，往往都会有一个误区：做事的理由一贯都是正确的。然而，还有一个更重要的原则需要我们去关注。

20世纪初的年代，家庭中普遍存在着专制统治，作为孩子，只能选择服从，毫无反抗意识。我们对于这种专制还不甚了解，可能是由于我们受到英国哲学思想和家庭辈分关系的影响所致。

两个世纪前，洛克在社会上宣布了“理由一贯正确论”的观点。人们均对这个观点表示赞同，至此，个人主义上升到新高度。每个人都可以按照自己的意愿来行事。

假如我们由这个观点来教导我们的孩子，告诉他们如何去做事，

结果将会怎样？如果没有了这个“假如”，那么将只留下基本观点。

老清教徒的传统，或者洛克的个人宗教色彩和感情，对于英国的新哲学来说都是强硬的一击。不过，法国已经为新萌芽的诞生准备好了水土条件。因为洛克的学说在当时来讲，比较符合时代潮流，因而受到人们的追捧。

但当人们将他的理论用于实际应用时，结果却不甚理想，令人感到失落。明智的作家看出，洛克出身英国绅士家庭，尽管宗教信仰虔诚，受过良好家庭教育，但他的所作所为如同法国大革命里的罪行一样让人不齿。

» 父母要正确行使手中的家长权力

家长作为孩子的法定监护人，拥有神圣权威，这种监护权有着两层含义：

第一，家长作为孩子的监护人，不仅仅要对孩子进行家庭教育，还要注意维护自己的尊严和权威。孩子在成长过程中将深受家庭成员的影响，父母对他们施加的教育模式，常常会被孩子继承和发展，加以自主创新，形成自己的人生观、世界观和价值观，再继续延续到下一代。就如同人们世代对宗教的崇敬和礼拜一样。

第二，家长不能把孩子的发展局限在自己的家庭里，不能仅仅为了家庭而培养孩子，而是要懂得为社会培养孩子。孩子是社会的宝贵财富和希望，为社会教育好孩子更是父母的义务。

从这两方面来说，家长更要明确自身的权威和尊严，但是，他们也常常会轻易放弃自己应尽的职责。

有一个国家，由于父母没有能力将孩子培养成符合社会需要的且有高尚品德的人，于是他们被国家剥夺了孩子的教育权，国家掌握了教育孩子的权利，并尽量不允许家长参与教育过程。

国家按照社会需求培养孩子的各种品德，直到长大成人。现在这个国家的名字成为了各种美德的代表谚语。

到现在，也还有一个国家做着这样的事情。在孩子刚刚学会走路或者还没断奶的时候，就被送进“母亲学校”里，在进行母乳喂养的同时，对他们进行思想品德上的教育。

虽然这个计划还在试验阶段中，但结果是理想的，必将持续实施下去。因为实施者在不断试验后发现，必须从儿童时期就要进行人格塑造和既定方向的培养。

其实，国家剥夺父母的教育权是不太恰当的做法。孩子离开了父母兄弟，在保育员的抚养下，没有父母的关爱，感受不到亲情的温暖和兄弟姐妹的友爱，邻里之情更是无法体验。

尽管他们将在几年后回到父母身边，但那时候孩子与父母之间的感情已经淡漠，维系关系的纽带也已经断掉，家长的权威也随之消失，而家庭也没有了存在的必要。这种一出生便像孤儿一样成长起来的民族，在世界上可算是前所未有的奇事。

就算是在斯巴达的利库尔戈斯，通常也提倡孩子在 7 岁之前由父母来抚养。虽然有很多媒体支持那种做法，但自然规律告诉我们，不该就此对家庭的美好温馨失去希望和憧憬。

抚养孩子除了是家长的社会责任，还是他们的神圣使命。温馨和谐的家庭是社会安定和国家稳固的基础力量，所以，家长的权威就显得格外重要了。

行使权力并不取决于自身，行使权力才是合适的呢？

首先，要以利于孩子健康成长为前提。在教育孩子的过程中，父母有着不同的自然分工。母亲善于培养孩子的社交自立能力，而不善言谈的父亲们则在孩子的教育方面贡献较少，他们会按照自己的兴趣来引导孩子，但没能很好地运用自己的权威来培养孩子的能力。

其次，必须能促进家庭的和谐美满。家长的权威必须能起到提高孩子独立自强能力的作用，否则就是失败的。同时，家长也必须要尊重孩子的自主权利，否则权威将遭到质疑和挑战。

再次，必须要让孩子知道家长的权威是由社会赋予的，这样才能巩固家长权威的地位。让孩子了解到家长是为了国家、为了社会而辛苦培育他们，是在履行神圣职责，那么他们也会更加配合父母的教育要求。

最后，必须要让孩子学会独立自主地管理自己。虽然父母都疼爱自己的孩子，对他们呵护有加，但是孩子长大了，就要进入社会独立生活，那么父母就该着重培养他们的自理自立能力。

同时，这也是孩子的一种生存权利。父母总要离开孩子，孩子也总要离开父母的怀抱去独自生活，到那个时候，不管他有没有能力，都只能靠自己的力量来生存。

化权威于无形，是运用权威的最高境界，法律则是用来惩奸除恶的。

如果治理一个国家，不运用任何法律武器就能让国家安定有序、公平正义、宗教信徒虔诚有礼，那是多么高的境界。管理家庭就像是管理国家，除去一切法规，父母用自己的兴趣和准则来教育孩子、管理家庭，那么这个家庭肯定是幸福美满的。

» 不要把教育孩子的责任全部推给老师

有些父母总是觉得，孩子长大后自然会受到学校里老师的严加管教，便放纵了孩子在家里的言行举止。于是，孩子在家里常常叛逆、不听话，到了规定的睡觉时间了，他仍毫无行动，完全不理会家长的催促和批评。

有些人觉得，孩子的这些行为将来会在学校里得到改善。但是，孩子在家里已经养成了肆无忌惮的坏习惯，我们对他在学校的表现又有多少信心呢?

很多家长总是认为，教育孩子是老师应该完成的任务。我们来研究一下他们这样想的原因是什么。

生活中我们常常会听到这样的话：

“孩子还小，不懂事，长大后他就会明白了。”

“我们要尽力满足孩子，使他无忧无虑，至于教育的事，上学后老师自然会完成。”

“我们应该让孩子享受到爱，而不能责罚他们，让他们自由成长吧！”

“孩子的童年生活应该是自由而充满快乐的，长大了，再去面对那些困难的事吧！”

“自由自在是每个孩子的需求，让他们像小马一样自由快乐地奔跑吧，上学以后自然会有老师来管教。”

“龙生龙，凤生凤，我们反对后天培养孩子的做法，他的个性会自然地发展完善。”

“孩子长大后就会懂事了，也就会渐渐改掉坏习惯。”

这些说法常常在我们的耳边萦绕，很多人都认为，教育孩子本来就是老师的责任。

但是老师就能把孩子教育好，让孩子变得优秀吗？在老师的管教下，在那些放任不羁的孩子身上，会发生什么改变呢？

实际上，那些受过良好家庭教育的孩子，才最受老师的喜爱和重视。这样的孩子有较强的自我管理能力，老师教育起来就更加得心应手，同时也对他们寄予厚望。老师辛勤地教育培养，直至使这些孩子获取成功。

老师对于孩子成功的期望程度一点也不比家长低。但他们不会把孩子的成功当作是自己的荣誉，老师是诚实谦虚的，虽然很多人不承认他们身上拥有很多美德。

老师获得一个受过良好家庭教育的孩子，就意味着他的教育可以取得成功。在学校里，老师经常会说：“某同学真是聪明又能干，做什么事都能做好，可见他的父母把他教育得多好啊。”从这些话里，我们可以感受到，老师是完全没有把孩子的优秀当成是自己的荣誉。

事实证明，老师只是孩子人生的领路人，他们传授给学生知识，

教导孩子学习，但至于孩子将来的前途，只能由孩子自身的素质和能力来决定了。

老师想的是，家长把孩子送到学校来学习，该怎样去做呢？家长却在想，老师是怎样教育这些孩子的呢？

我们都知道，无论怎样都没办法让牡蛎和鳕鱼“坐起来”，因为它们是没有脊梁骨的。只有有了脊梁骨，并且这些脊梁骨能起到重要的支撑作用时，才能“坐起来”。

因此，就算是像牡蛎或者鳕鱼一样笨拙的人，有了脊梁骨，也能“坐起来”。要让爬行动物坐立起来，是需要付出很多努力的。

但是也有令人称奇的个例。愚笨的学生在老师的悉心指导下，取得了较好的成绩，并处于良好的状态下。一段时间里，即使老师没有再认真教导，他也能持续地进步。

这时候，老师也许会感到很欣慰，家长也或许会这样说：“我就知道，杰克一定会进步的。”但我们还不能就此下定论。

学校生活类似军旅生活，学生会因此而感到枯燥无味，这一时期，习惯的形成显得十分重要，因为这些早期的习惯很可能是伴随他一生的，也将影响他将来的生活。

约翰·布朗先生小时候聪明可爱，天赋过人，而且他还拥有一个富裕的家庭，这些条件都非常有利于他的成长和发展。但是他并没有按人们预想的那样成功。其实以他的个人素质，完全可以功成名就，如果小时候加以合适的教导，他的前途将无可限量。

我们在说“随心所欲”这个词时，常常把它用在不好的事情上，但实际上，我们有时候也可以把它当作褒义词，用在好的事情上。司各特在《爱德华·沃维利》一书中，对“随心所欲”这个词做出了更加正面积极的解释。

爱德华·沃维利是非常聪明能干的。运动员常对老师说，只要让他明白了游戏规则，那么他自己就能做得很好了。知识方面，老师只需要教导他正确合适的学习方法，管教他勤奋不懈地学习，帮助他树立远大志向，鼓励他为之努力即可。

通常情况下，在满足了好奇心之后，人们便失去了学习和前进的动力，失去了克服困难的积极性。尽管爱德华·沃维利天赋异禀，但是他的意志力薄弱，内心也不够强大，所以他只能任由命运的摆布了。

年轻的时候，没能好好学习，增强自身实力去掌握自己的人生，最后只落得四面楚歌的境地。身为一个男子汉，教育并没能使他具备较强的警觉性和自我管理能力。

爱德华·沃维利的一生也经历过很多好事，但这些好事并不是通过他自己的智慧获得的。他和罗斯·布拉德沃迪的爱情的确是靠努力获得的，但女士们对于爱情的态度是漫不经心的。

爱德华·沃维利所获得的一切功绩和财富，其实完全要归功于他人的努力。之后，他的生活很让人满意，成为了一个富翁，而且品行良好，拥有很多朋友。

为了能真正自己掌握人生，他不断地与困难进行着战斗。另外，他的叔叔其实也很富有，广结朋友，生活优裕。

现实生活中，我们的人生当然不能都像爱德华·沃维利那么顺利。现实中的很多父母不能做到对孩子有求必应，也无力满足孩子想要的生活状态。

因此，小说家说道："爱德华·沃维利受到的教育并没能使他真正成功，他虽然天资聪颖，但年轻的时候却放纵自己到无理智的地步，没能学会理性地控制自己，做自己理想中的事情。"

很多家长都陷入这样一个误区，想当然地认为，学校能把学生管理得服服帖帖。因此，他们便把管教孩子的任务留给了学校。他们没意识到纪律的作用，在家里，当然也没能很好地利用纪律约束孩子。

当他们把孩子交给老师，想要培养孩子自控自制能力的时候，早已错失了最好的培育时期。

家长的疏于管教和放任自流，往往会造成孩子恶习难改。我们应

该重视对孩子的品德教育，让他像鸟儿一样轻松快乐地成长。但我们要避免他说谎和厌学。要做到这些，需要我们进行巧妙的努力，让孩子很容易就记住这些做法是多么的不好。

我们并不是认为孩子该完全自然地成长，自然状态下是单纯质朴的，拥有着诗一般的美好意境。这深深吸引着人们，成为了人们心中的梦想。

让·雅克·卢梭的自然教育学说获得了很多人的赞同和支持。但我们也经常会见到很多这样的情形：哈里愤怒地要从杰克手中抢回自己的小鼓；不到两岁的小玛乔里要着性子一定要苏茜的那个布娃娃。这些情况让我们不由得会说，大概这就是人类的天性吧。

我们必须要及早地认识到这个问题的重要性，并尽早采取措施解决。比如我们要教导玛乔里，要想得到自己想要的东西，该如何更好地去努力争取。

爱德华的母亲是明智的，她说："孩子从不到一岁的时候，我就要使他明白，要好好听话。"当我们更加明白了孩子与生俱来的品质和可塑性，也会支持爱德华母亲的这种做法。

一岁左右的孩子懂得了顺从，这对于培养他养成良好习惯是很重要的。每年的培养计划要根据情况改动完善，保证不千篇一律。这样做下去，等到爱德华六岁的时候，他的性格已经得到了很好发展，他也不再带着天性中的自私了。

他的父母在成长日记中写道："上帝保佑，在他六岁生日的那天，他将决心做一个宽容大方的人。"

有些人还在一直坚持本性难移的观点，他们认为孩子的天性，是无论如何也改变不了的。这是由于他们还没能真正意识到，用纪律观念去培养孩子是多么的重要。

第三章 孩子是独立个体，尊重他的个人权利

» 尊重和了解是教育的基础

孩子必须要遵守纪律，他们也都明白行为好坏、对与错的区别，因此，在当母亲训斥他们是个“不听话的孩子”时，他们就会显得沮丧和惭愧。

孩子天真可爱，有时候人们为了让他们表露出幼稚可爱，便说他们是个“淘气的小孩”。孩子对于这种情况的反应，就证明了这个事实。

孩子天生具有很高的人权，因此，我们要时刻注意，不能侵犯他们神圣的权利。但是，一些没有接触过较大孩子的人，或者说思想观念落后的父母，他们还没有意识到这一点，不懂得身上肩负的神圣职责，他们只是按照自己的意愿生活着，并不了解其他更高的生活规则。

面对孩子，大人们会有这样的疑惑：孩子在还没学会语言之时，就能分辨是非黑白，但他们又为何不遵守纪律，明知故犯呢？

生活中这样的现象很常见。当孩子偷偷地去拿糖果吃时，母亲会批评他们淘气，当孩子做了正确的事时，他们又会小心翼翼地偷看母亲的态度。他们调皮可爱的神情会让母亲忍俊不禁。

孩子“淘气”之后，母亲往往不去追究他们犯的小错误。但就是因为这样，孩子在心里记住了母亲的这一态度，想当然地认为“淘气”不会受罚，自然形成一个观念，只要是母亲不反对的事，都可以去做。

之后，孩子就完全按照自己的选择来办事了。就这样一直持续下去，孩子极力想要自主选择自己喜欢做的事情，因而与父母展开较量。

父母往往是战败的一方，而孩子依旧坚持占据自主权利。

母亲开始的时候，并未意识到责任的重大，她们认为可以按照自己的意愿来养育孩子，自己决定着孩子的选择，自己占据着主导权。然而孩子却不明白，为什么不允许他们弄坏姐姐的玩具，不允许他们大口大口地吃蛋糕，不允许他们故意破坏别人的好心情等。

孩子对于这些不被允许的事情，还是选择了服从和遵守。但是当父母对他们采取一定的强制性措施时，结果很可能导致他们不再服从命令，选择对抗，甚至不惜与父母产生剧烈矛盾。

在孩子的健康上，父母可能会对孩子产生不利影响。过分宽容仁爱的母亲常常会容许孩子犯错，这便成为她所犯的错误中的一个。母亲的愚昧无知带来消极影响，但最让人感到担忧的，还是母亲会和孩子犯同样的错误。

比如说，母亲给孩子提供的食物缺少必需营养，给孩子准备的房间通风条件差，这些做法将危害孩子的身体健康。如果父母严重缺乏儿童健康知识，就会使孩子的身体健康受损，这就需要我们每个人认真学习这方面的科学健康知识。

在智力培养上，父母也可能对孩子造成伤害。父母往往会在孩子小的时候就用严肃枯燥的课程来开发他们的智力，这种做法很不好，不仅不能开发孩子的智力，使他们得到进一步发展，反而会挫伤他们学习的积极性，更不利于他们对学习含义的真正理解。

许多女孩子长大后只会沉迷于言情小说中，或者话题里永远只有漂亮衣服和化妆品。这源于她们没有真正理解学习的意义，盼望着离开学校，讨厌脑力劳动，而且她们的一生中也都不会对脑力劳动感兴趣。

在培养孩子的道德时，父母可能会给孩子带来负面作用。很多母亲只在乎家庭带给孩子的影响，她们没有对孩子进行行为的规范和道德观念的培养，没有教育孩子如何在外面的世界里生存。

更糟糕的是，有些孩子得不到应该得到的关怀与呵护，因为他们在家庭里显得比较笨拙和平庸，因此家人都愿意把更多的关爱给予聪明可爱的孩子。

这些受冷落的孩子当然会妒忌他那些受恩宠的兄弟姐妹们，因为他觉得很不公平。像这样的孩子还有很多，他们在童年里处于缺少爱的痛苦之中，不断压抑着自己对爱的那份渴望。

一位女士曾跟我讲起她的童年经历，她说："我的童年生活是痛苦的，母亲把爱都给了弟弟，她每天只会让我去托儿所里照顾弟弟，陪他玩耍。但是她对我从来都是冷淡的，不会跟我谈心，不会关心我的需求，不会温柔地对待我，甚至忽视了我的存在。"

"虽然她现在对我很好，但是我无论如何都忘不了那段悲伤的记忆，无法原谅她。如果那时候她能像疼爱弟弟一样疼爱我，那么我现在回想起来就会感到很幸福。"

父母要注重保护孩子的自尊心，不能轻视它，"轻视"一词是"低估，轻蔑"的意思。要做一个好的母亲，就要做到无论孩子有多么顽劣，也不能伤害他的尊严。

家长无论多么爱孩子，对孩子的评价也都会比较保守，就算是一位不轻视自己孩子的母亲也是一样，她会轻易地把自己的孩子交给一个文化程度不高的保姆来抚养。

事实上，母亲应该细心斟酌，挑选出聪明或者素质较高的保姆，再由自己亲自培训指导，还要留意托儿所内的所有事情。

母亲之所以要这么谨慎，是因为此时的孩子就像是一个空白的胶卷，这时期在他身上发生的事情将成为他一生的记忆。

很多受过高等教育的大人，总喜欢把孩子带在身边，经常会带孩子参加一些大人们的舞会聚餐等，殊不知，这样做会对孩子产生很大触动。

因为母亲在各种社交场合会有不同的装扮，各种不同的印象与孩

子之前对母亲的印象相冲突，刺激孩子的大脑。因此，母亲跟孩子交流分享的应该是快乐轻松的活动。

保姆的粗鲁行为和恶言相向，会给孩子脆弱的身心带来无法弥补的伤害。孩子道德上的发育是很快的，平时生活里的一些微小的欺骗性言行或者不公正待遇，都能触及他们的内心。

保姆们常常会哄骗孩子："你只要乖乖地听话，我就不告诉你母亲。"于是孩子便懂得了该如何去应对他们的母亲。

人类天生的性格弱点，导致儿童很容易受到坏事的影响。因此，如果一个孩子的表达能力已经相对完善，这时候我们把他交给一个粗鲁、易怒、自私的保姆来抚养，那么结果很可能就是孩子受其影响，形成一系列坏毛病。

父母对于孩子犯错的情况不是很注意。孩子经常表现出一些自私、粗鲁和不诚实的现象：对于糖果的贪心，想把别人的那份也都吃掉；跟别人吵架，使用打、咬等武力；用谎话掩饰自己偷吃糖果等。

这时，母亲一般不会对他们进行制裁，虽然她也明白，这些行为是错误的，应得到制止。但她同时又认为，孩子还小，等长大了，这些坏毛病自然就会消失。于是，这些不良行为就这样被忽视了。

母亲总是认为，孩子小时候的不良行为不是故意而为的，这些都是小事而已，没必要跟小孩子斤斤计较。

事实上，我们应该在孩子第一次犯错的时候，就采取措施制止他。否则，长此以往，他就会形成很多坏毛病，到时候想要改正就难上加难了。

总是以孩子还小为理由，惯着他的一切，最终只会让他自食苦果。

» 孩子是有血有肉的人，不要把他当物品

我们应该尽早地开始重视孩子的人权，更加清楚孩子是跟我们一样的活生生的个体，重视他们自身的个性。

首先，我们要认识一下人的含义。我们的观点是，思想、看不见

的灵魂和行为、可见的肉体之间是密不可分的整体，它们之间的关系十分密切，肉体对于灵魂的益处要远远大于灵魂对肉体的益处。

我们无法解读复活的理论，那么我们可以使它变为一种实际的途径让我们来了解人的特点。我们对一个人的印象，通常是靠仔细观察他面部的各种细微表情，感受他的教育素质、智慧和能力情况，或者是看他乘坐的是不是一辆让人感到舒适的车等来得到的。

心理、生理学家们研究发现，人的大脑皮层有着令人惊叹的功能：它的知觉功能让我们产生想象能力和激情冲动；它的运动功能让我们产生行为的动力；它还可以控制大脑的思想，利于人们养成习惯，还能使孩子养成适合的思维和行为习惯。

我们十分愿意去接受这样的说法：我们可以通过一定的方法，使习惯变为大脑中可以被唤醒的记忆。直到现在，我们才发现这个对理性教育起着决定性作用的心理学基础。

如果我们愿意相信这样的说法，那么所有的作用机制将变得令人怀疑。人们应当有表达思维和同外界进行交流的能力。我们都认为，人是一种目的性强、具有丰富情感思维的动物，人一直存在着，尽管人们有时感觉不到自己的存在。

人们没有分身术，也没有特异的助手，所以从来都是事必躬亲，散步或者是写字，都是靠自己完成。人们习惯性认为，躯体和灵魂是两个分离的部分，但事实上他们是密不可分的整体，这是我们必须要清楚的。

虽然人是由思想、神经和肌肉组织组成的，但人是一个统一的整体。虽然人的发展需要两种营养，但人还是一体的，不能就此说人是两个不同个体。

可口的食物总是能让人感到精神振奋。我们都知道，一个饥饿的人在大吃一顿后总会感到很满足，而一个锦衣玉食的人，长时间没有思想营养的滋润，同样会变得郁郁寡欢、无精打采。灵魂的发展如同

身体需要食物营养一样，也需要活跃新鲜的思想做营养。

我们都坚持认为，我们的教育理念理据充分，使人信服。因为我们在时刻进行对生物心理学的深入学习，同时也在努力追随哲学的最新进程。

这个过程中，我们了解到，这两门学科分别在不同方面给予了人一个定义：人可以分为两部分，或者更多的部分。

尽管我们没有在生活或者精神上陷入到因教条主义而无法脱身的困难境地，但我们的教育理念具有归纳结论性，所以我们要坚信我们学说的正确性，其他的学说则是过眼云烟。

我们不会认为自己的学说多么完美和重要，但我们坚信，真正重要的理论，必定包含着人类的全部本能和研究成果。

我认为，这三种伟大思想就像是教育幼儿的老师，我一直在思考着它们。孩子拥有神圣的人权，我们不能以智慧、精神等为理由掩埋他的个性。另外，我们也应该明白，不能以孩子的身体成长为由来埋没他的个性。

上面所说的都是关于人的观点，实际上还有很多。教育过程中，我们要重视孩子的个人创造力，而且尽管父母也是孩子的老师，也还是要站在后边，因为前台的位置是留给教师的。

20 世纪 50 年代的偶像主义深深影响人们的性格，到了现在，我们没有找到其他适合的方法，来阻止个性的进一步发展。

我们可以认为教育是一门关系学。具体说来，教育就是研究人与人之间建立的各种关系，以及怎样稳固这些关系的科学。

我们认为，孩子一出生便具有建立多种联系的能力，我们需要认真做好的只有两件事情：一是在适当的情况下，科学教导他利用思想建立某种联系，培养好的习惯；二是在当孩子建立联系之时，我们要尽量不予干涉和阻碍。

在我们所接受的教育内容中，有一些会发挥消极作用。

想要成为名人或者伟人，只凭借上课认真听讲和做笔记是没有多大用途的。孩子主要依靠课本来学习科学文化知识，虽然他们也要经历实物课和自然实践，但他们与实物之间的真正联系还没有完全确立。

因为老师的教育方法使他们认为，学习实物与亲自到实物中实践没什么区别。老师的做法是为了增长学生知识，不料却使孩子产生这样的错误想法。

很多孩子都知道爱德华王子，但是他们对于爱德华王子的具体情况却一知半解。有人写道，学校里陈列的多种图书不就体现出他的价值了吗？但他们不了解的是，孩子对书籍是自主选择利用的。

书籍能深刻影响孩子的灵魂，使得孩子的思想与书中的伟大精神进行交流，因此，书籍成为教育关系学的关键部分。

我了解到，很多老师都会把自创的歌曲或诗歌运用到教学中。那么请我们深思一下，诗人们都主张不去影响孩子的思想，这些资质平平的教师怎么可以这样妄为呢？

只有当教育者们领悟到自己必须要做和如何去做这两件事时，才能造就完美的不干预教育艺术。孩子将根据自身情况发展相应的能力，一旦这种能力被很好地开发，那么人的进步将是迅速的。

对孩子进行全面的民族团结教育很重要，但我们不该仅仅将古代的历史概况展现在孩子眼前，更重要的是，要让他们自主研究古代的伟大思想。孩子在认真学习本国历史的前提下，还要多了解国外的活跃思想。

老师在上历史课时，为了避免课堂枯燥，可以适当加入一些当时的文学作品，诸如纪实小说或者历史诗歌等。当然也可以插入一些其他学科的知识。

上述这些做法，尽管没有什么新奇之处，但是我们相信，我们拥有完善的教育理论和科学的心理学知识作为基础，因而我们的事业是坚定而充满生机的。

» 拥有健康身体是孩子最基本的人权

为了让孩子的能力更适合接受更高层次的教育，就要培养孩子的各方面能力如智力、意志、道德品质等合理配置。

眼睛是人们视力的器官，人脑部分是人们产生思维情感的器官。对于大脑的功能定位问题，专家们各持所见，但是唯一可以说的是，只有大脑里那种灰色和白色的神经物质共同活动，大脑的一切功能才能运转正常。

这些不只是心理学家应该关心的事情，每个父母也应当注意到这一点，大脑对于我们身心的健康活动和发展起着十分重要的作用，而我们想要自由思考问题，也需要大脑来帮助我们得出灵感。要想使身心一切活动健康有序进行，就必须满足大脑在营养、锻炼和休息方面的需求。

现实中有很多愚昧无知、性情古怪的人。难道他们天生的智力就是如此落后于人吗？当然不是。他们中的大部分人，都是由于没有受过合适的道德和智力教育导致的，他们的思想如天马行空般肆意纷乱，年少时没有做出努力，荒度时光，最终落得如此下场。

一双健康的手臂，如果将它束缚起来长时间不使用，那么它将变得软弱无能。同理，人的大脑如果不经常活动锻炼，也会变得反应迟钝。大脑的活动遵循一定的规律进行，它会在一定范围，按照一定方式进行智力工作。否则将失去秩序，陷入混乱。

曾有个聪明人提出建议，当大脑被愤怒和悲伤填满时，就可以不必让孩子在智力、道德、意志上过多努力，只需轻松度过这一天即可。在思想器官正常工作的前提下，允许孩子按照自己的意愿把事情做好。

大脑在工作之余的休息是必须得到满足的，也就是说，应该使大脑劳逸结合。

同一条件下，大脑和其他器官同样努力工作着，它们需要把血液集中到头部，以提供工作时需要的营养物质。

晚饭后，器官和血液都已达到劳累的状态，然而这时候还需要消化食物。如果父母常在晚饭后带孩子出门散步，那么就会引起孩子消化不良。如果让他饭后就立刻去学习，也是危害健康的做法，因为本该去进行消化食物工作的血液又被调去帮助大脑工作了。

我们应该在大脑进行足够休息之后，安排学习时间，比如睡醒后或者玩耍后。因为那时的身体精力比较充沛，一点也不累。因此，上午早起和早饭过后是最合适的读书与学习时间，而下午则比较适宜进行一些机械活动，比如做针线活和画画等。

晚上，孩子的精神更加活跃，但是如果脑细胞活动过于频繁，也会导致一些失眠、多梦的现象。较大点的孩子常常在晚上加班复习功课，其实他们最好在睡觉前，留出时间让自己的精神有所放松。我们也应该重视孩子在入睡前的“轻松活动”。

赫胥黎对于大脑曾表达过一些相对权威的观点：“目前为止，我们没有证实某些特殊器官能影响大脑半球的工作。”

我们不能局限地认为，能力只是靠大脑的某一部分来完成。例如左脑用于发展抽象和艺术能力，右脑用于注意力的集中。教育家要很重视这个观点，当我们长时间专注于某一功能，大脑相对应的部分也就十分劳累了。

比如说，让孩子长时间做数学题，他的反应就会随着时间的加长而变得迟钝。如果换个学科让他学习，比如让他读读历史，这时候他的反应速度就正常了，因为从数学的长时间思考中解脱出来，用于新的东西学习，他的学习兴趣明显提升。

学校在安排学生的课程时也是如此道理，按照此规则交错安排多种课程，才能有利于提高学生学习的积极性，从而更容易地开发他们的各方面智能。反之，如果都是千篇一律的课程安排，将会使学生们感到学习的枯燥乏味。

大脑只有在得到丰富足够的营养之后，才能有效地进行运转和工作。有人曾经计算过，大脑有多少盎司参与一项工作，就有多少盎司

在同时进行着另一项同样的工作。

血管网络系统的功能是运输大量血液来满足全身器官的营养需要，在体力消耗时补充能量。因此，血液的数量和质量决定着大脑运转是否正常、敏捷和健康。

目前，我们根据已掌握的资料来看，血液的质量受下面几个因素的影响：

首先，血液的质量取决于我们所摄入食物所包含的营养。也就是说，我们所吃的食物越是营养充分，那么我们的血液吸收的营养也就越充足，质量越高。除此之外，我们的食物安排还要多样化，只有这样才能满足机体对各种营养的需求，以及弥补组织上不同营养的消耗。

其次，孩子的能量消耗是极其巨大的。他们所做的身体运动、活跃的思维活动和不时的小动作等，都会消耗他们的精力和能量。

因此这个时候，就必须要尽快为孩子补充能量。之后，孩子比成人们更加活泼好动，吸收和消耗趋于平衡，那是因为他们的大脑在努力地适应。

最后，据不完全统计，一个成人的大脑重量占整个身体的四十分之一，然而却需要十五分之一或十六分之一的血液来提供营养，支持它的运转工作。

孩子身体里的大量血液被用于支持大脑工作，而且孩子消耗能量速度较快，因此他们不仅需要补充消耗的能量，还要进行重要的脑组织和机体组织生长。

我们必须要注意孩子的饮食营养，给他们提供健康又营养充足的食物。生活中也的确存在着一些因为小时候营养不良而导致生命短暂的人。很多父母还没有足够重视自己在为孩子提供营养膳食方面的责任。为了孩子的全面发展和身心健康，父母必须要认识到这一点。

父母为孩子准备的食物，不仅应该满足大脑和身体的营养需求，还要利于孩子的消化吸收。我们都一致认为，油腻的肉类、油炸食品、奶酪和浓醇的各类食物都不适宜孩子食用；在孩子吃新鲜的面包或夹果酱的蛋糕时，不要使用胡椒粉、芥末、醋和酱油等调味品。

对于有些水果如李子和醋栗来说，它们的果皮也可以吃；喝的牛奶和水不要温度过高；热可可是不错的饮料；家长最好允许孩子饭后喝饮料。

早餐吃点新鲜水果很有营养；燕麦片粥、蜜糖或者上等的烤肉类也可以加入早餐食谱。除此之外，早晚喝一杯水也是有益身体健康的。

饮食要讲究规律，例如，在早餐后 5 个小时左右再吃午餐，特殊情况除外。

想要吃得健康和开心，必须要选择易于消化吸收的食物，这样才有益健康。人们也应当明白，情绪和精神方面的状态将对人体消化吸收作用产生极大影响。

事实上，当我们情绪愉快、精神舒畅之时，胃里的消化工作就进行得很顺利。相反，如果给孩子提供的食物他不喜欢，那么他的情绪就很低落，满腹郁闷地吃下饭菜，既影响胃的消化吸收，也使孩子感受不到饭菜的可口。

由此我们可以明白，我们吃食物的目的不仅在于填饱肚子，更重要的是摄取营养物质，维持身体健康。所以，我们应该保障孩子心情舒畅地用餐，享受饭菜的美味。

我们应当尽量做到一家人团聚在一起用餐，每个家庭成员都该尽力去营造一种其乐融融的亲情氛围，减轻一天的劳累。

父母也应允许孩子一起用餐，体验亲情的快乐，对孩子身心发展也有好处。这个时候，父母可以培养孩子文明用餐礼仪，提高孩子的道德水准，训练孩子细嚼慢咽，从而利于食物的消化吸收，促进身体健康。这种气氛里，家庭关系显得那么和谐幸福。

食物种类的多样、愉悦的心情和美味的饭菜对于孩子来说仍然是不够的。因为此时他们正处于精神状态高亢的时期，能量消耗巨大。

孩子的饮食应简单，但是必须要多样。每天的食谱要多种多样，但是如果一周的食谱都大致一样，他们也会觉得食欲不振，长期下去则会导致营养不良。

母亲必须要致力于孩子的饮食，为孩子提供多样的食物，半月之内不重样。鱼类富含大脑所需的磷，也是改善饮食口味的不错选择。母亲要留意孩子吃的布丁，相比含脂肪的食物，他们更喜欢含糖分和淀粉的布丁，因为布丁能为他们的身体补充更多能量。

要注意给孩子提供多种布丁食品，不要让他们只吃单一种类的淀粉食品。母亲必须要记住，不能总是给孩子提供单一饮食，每餐都要多多少少有些变化。但这并不意味着孩子喜欢吃什么就给他提供什么，有求必应只会导致孩子偏食、挑食，最终导致营养不良。

我们呼吸的空气和我们所吃的食物同样重要，它们都决定着我们身体里血液的质量。肺部的细胞每隔两三分钟就过滤一次全身的血液，我们吸进的氧气在这一过程中也发挥着重要作用。氧气氧化了全身的血液，还支持了呼吸作用和物体燃烧。

由此我们可以看出，让孩子去环境优美的地方多参加户外运动，多呼吸新鲜空气是有益健康的生活方式，也是很有必要的做法。

父母要经常带孩子出去散步，天气适宜的话，最好每天都去，而且每次在户外的时间最好不少于 1 小时。

大陆国家的人们进行户外运动比较频繁，因此生活在像法国、德国、意大利或者保加利亚的人们更乐于户外活动，他们生活得比我们居住在海岛上的英国人要轻松快乐。

我们常常对食欲不振的病人说："人不能只靠吸收空气过活的！"的确，我们不能仅靠空气来生存，但空气在维持我们生命的过程中又是最重要的。空气通过血液流经到肺部，再由肺部经血管流回全身。

空气中的氧气使血液焕发新生机，来满足全身的需要；它也透过血管壁进行化学反应，使系统废物转变为支持肌肉组织和神经组织工作的有用养分。

对于氧气的局限性我们还不甚了解，其实它也需要有适度空间条件来发挥作用。目前，令人担忧的问题是，物质的燃烧和生命的呼吸都需要大量氧气来完成。随着人类社会的进步，物质燃烧越来越多，而且城市化进程带来大量人口聚集在大城市，因而氧气消耗量巨大。

事实上，人类只有在氧气新鲜充足的情况下，才能生活得轻松健康。如果氧气使用过于拥挤，那么人的身体将遭受极大损害，因此在很多大城市里，人们生长得矮小多病，甚至呈现出寿命缩短的现象，很多人见不到自己的祖孙辈就去世了。

城市里，很多居住在贫民区的孩子依靠捡食物饱餐，但是他们看上去比富人区的孩子气色要健康，这是由于贫民区拥有更充足的空气。

贫民区空气的流动较富人区要好得多，而且这里的家庭气氛也相对愉快轻松。这里的孩子大半的时间都在街道上闲逛，他们呼吸到更多的新鲜空气，而那些常待在空气流通差的豪宅里的孩子就不那么健康了。

我们说了这么多关于户外活动的事情，其实室内活动也是很重要的。如果在户外运动中不慎受伤，恢复过程将是比较漫长的。当走进房间时，想象着是火灾现场或者煤气中毒，屏息两三分钟，感受空气对流之后再自由呼吸。

居住的房间最重要是要有利于房间通风的设施，人们还要定期维护，使空气能自由流动，排出浑浊气体，让新鲜空气充分涌入。

卧室的空气流通最应该得到重视，通风设施要有利于孩子的睡眠，窗户最好开一英寸或者更大，整年开窗也可以，让孩子能随时随地呼吸到新鲜空气。

人们都认为晚上的空气没有早上的新鲜，但事实上，健康新鲜的空气意味着含有充足的氧气和能量。物质的燃烧如火炉、煤气灯等，都需要氧气的支持，经过燃烧产生含碳的酸性气体、包含着活力的气体。由此我们可以看出，晚上的空气质量比白天好。

曾经有一个关于阳光的广告，是这样说的："孩子血液品质的高低不只与干净健康的空气有关。"血液循环在昼夜不息地进行着，血液中的红细胞也在不断分裂生长着。

事实证明，经常接受阳光照射的人，血液里的红细胞比一般人要多，而且他们的面色更健康红润。由此我们可以知道，阳光照射可以促进红细胞生长，增加血液里红细胞的数量。

因此，母亲要注意，最好把孩子的房间设在向阳的南面，使房间阳光照射充足。当孩子从自己的房间、托儿所或者餐厅里出来时，打开门的一刹那，刚好使得新鲜空气穿越门和窗户，在房间内形成通畅的气流。

假如房子外面有建筑或者树木遮挡阳光，我们应该立刻采取措施移动它们。

关于孩子流汗的问题也应该注意。人的皮肤发挥着重要作用，它是人体排泄废物的渠道。人体的血液必须要足够干净健康，才能为大脑提供营养。

于是，血液清除血管的废物，携带这些垃圾再经由皮肤排出体外。也就是说，皮肤的毛孔在时刻进行着排出人体废物的工作，以保持身体的新陈代谢循环。

我们也许感觉不到，皮肤在不断进行着分泌。往往只有在皮肤表面分泌物过多时，我们才有潮湿的感觉。如果皮肤功能遭到破坏，或者皮肤大部分受损，它的渗透功能就会消失，并最终威胁生命。

就像人们在经历了烧伤或烫伤后，尽管其他器官完好无损，但还是一样会面临死亡。当毛细血管遭到破坏，就不能顺利排出血液携带的废物和毒素，虽然其他表皮和器官还在继续工作，也不能阻止生命的衰竭。

因此，维持好皮肤对于血液和身体的新陈代谢工作，也能够保障大脑得到充足营养。

孩子要做到干净卫生，就要勤洗澡，加上揉搓清洁皮肤。我们表示疑惑，孩子必须要穿透气的衣服才能保障皮肤正常呼吸吗？身材较瘦的女性长时间穿着皮衣为什么容易晕倒？为什么人们盖丝绵被子睡觉会感觉很不舒服？

其实，这是由于人们穿的厚衣服或盖的被子阻碍了皮肤呼吸，使得皮肤在排泄汗和血液废物时变得困难，于是人们便产生了不舒服的感觉。

孩子的衣服要讲求穿着舒适，可以选择蓬松的羊毛外套和羽绒衣，冬夏季节各准备好适合的衣物。

羊毛的作用很多，它的透气性较棉花和尼龙来说更好，还能很好地保持身体热量，吸汗性极好，避免身体在出汗时有不舒服的感觉。我们将羊毛做成被子睡觉的话，一定也会觉得非常舒适。

我们经常提到，大脑需要充足的营养来维持工作。教育上也以此为根据。我们一定要遵循健康原则来做事，而不能与之背离，尊重规律才能事半功倍。

生理学教育是最基础的课程，纵然低级，但它却是其他教育部分形成的基础和必经阶段。

我们的身体健康非常重要，因为智力、思想精神方面的发展程度还有赖于身体状态是否良好。也就是说，**身体状态决定着我们要进行的一切。**

人的身体健康不一定能带来人的良好品质，如善良、聪明等。但是一个聪慧优秀的人必须要有一个健康的身体，才能为智力消耗补充能量。

» 尊重孩子玩耍和学习的权利

前边我们已经提到过，在教育过程中，我们要给予孩子适度宽容的态度。现在，我们从孩子的各个成长阶段来看，发现适度宽容可应用于孩子的每一阶段。

第一个要说的就是孩子的玩耍问题。现如今，存在着一种令人担忧的情况：因为过多的课业负担和教育安排，使得孩子没有空余时间来玩耍。

我们不反对体育课程的安排，我们认为体育课程很有益，并十分支持。我们知道，即使在体育场上，我们也可以学到很多知识。

而且从某种方面来说，体育规则造就了绅士风度。我们要让更多的人参与到这项运动中来，包括女孩子，体育规则和道德有助于她们的身心健康成长。

我们认为，人为组织起来的体育运动不属于玩耍。玩耍是指不论男女，营造一个英雄冒险式的探险游戏，大家去设埋伏，建据点等。

家长对于这些游戏要采取接纳的态度，还应放下权威，虚心承认自己的见识浅薄。如果一个没被邀请的人，直接参与进游戏里，还肆意指挥自己部队的“将军”系鞋带，那么这位“将军”的感受又是如何呢?

人们普遍觉得，孩子玩耍需要大人的指导，教导他们如何去玩，诸如扮演小蝴蝶、小鸭子等。孩子对于父母安排的这些游戏也很喜欢，但这也隐藏着一个危机: 孩子对父母的依赖感越来越强，缺乏自立能力。

一旦孩子的依赖心理形成，那么他将来独立行走人生就会变得很困难。孩子总是和大人一起玩耍，就会失去自学能力，缺乏自我创造力和独立做事情的能力，他们只能做复制的工作，毫无创新。

父母对孩子的学习干涉过多。同时，父母又喜欢给孩子提供开发自我创造力的学习机会，看到孩子能独立完成自己的事情，父母感到很欣慰。

其实人们更喜欢各种自由空间，比如手工练习的空间、话剧表演的空间或发散思维训练的空间等。以现在的教育情况来说，给予孩子更多的自由空间，以使他们锻炼自己的创造力，是不太可能的。

由于孩子课业负担过重，学习任务较多，所以他们并没有太多机会锻炼自己。所以，他们就珍惜这些机会认真学习。

萨金特先生在哈克尼学校的体育场上进行了一场实验，内容发人深思。他找了 80 个男孩和女孩，他们全来自一所普通学校。这所学校，既没有国家教育部的财力支持，也没有任何地方政府的支持。

但该校的教育成绩却是不俗的，孩子在老师的教导下，绘画能力出奇地高。老师给学生提供某种植物，学生能快速记住植物的形态和花蕊的细节部分。

孩子经过老师的支持和短期训练，就能画出异常美丽的图案，这令很多家长惊叹不已。因为他们的孩子接受长期的绘画训练，却不能达到这种水平。

这些孩子的成绩，来源于他们勤于自学。他们会努力自学学校的刊物，自行创作童话故事和小说诗歌等。这些事情都是他们主动选择做的，并不是老师留下的任务。

从这些活动中，孩子的精神受到启迪，想象力越来越丰富，灵感也如涌泉至。正如保育员描述婴儿会走路的场景："他感受到了自己的脚在动。"

在教育孩子时，我们给予孩子过多的支持和帮助，往往是导致我们失败的原因。我们要学会让孩子体验独立行走的快乐。

» 给予孩子生活上的自由

我们的教育还有一个缺点，那就是没有给予孩子充足的自由发挥空间，让他们独立做事情。我们鼓励他们自立，却又忍不住提供太多的帮助。

现代社会，每个人的性格中都有懒惰的成分，这就需要他人实施一系列的鼓励措施来激励我们前行。

例如，我们在别人的鼓励下，才会去履行自己的各种义务；在慈善事业的捐款现场，我们需要有秘书人员的支持；在要参加会议时，我们也需要别人的多加提醒和催促。

可能是出于工作上的压力，社会上出现了分工，于是便有了鼓励他人的人和受别人鼓励的人。但我们不是做任何事都需要别人的鼓励，也不是任何人都乐意被鼓励。

在现实生活中，我们应该学会鼓励他人，并接纳他人的鼓励。这样一来，我们就能从彼此的鼓励中受益匪浅。人的天性里就存在着依赖他人的特点。

我们在教育孩子时，不要给他太多的帮助和鼓励，防止他养成依赖心理。学校里有一系列鼓励学生的措施：分数比较、优秀奖励和成绩展览等，但是这些措施不能将孩子“应该做”和“必须做”的事情区别开来。长此以往，学生对于学校的鼓励也就置若罔闻了。

我们应当让孩子体验失败的感觉。过多的鼓励和支持施加到孩子身上，也让他们失去了自由选择事情的权利。

过多的鼓励和支持，容易养成人的惰性，减少工作的积极性。孩子天生就有履行义务的担当，他们本性并不坏。

如果我们能做到童话里说的那样，对孩子能以宽容的态度，不再有苛刻的要求，取消掉赏罚制度，对孩子的成绩放平心态，那么结果很可能会水到渠成。

很多父母太过自负，往往不信任自己的孩子。其实我们应该明白，孩子天生具有的责任感，会使他们有能力做好自己的事情。

为了避免孩子误入歧途，我们必须教会他们如何去选择伙伴或朋友。当我们选择信任孩子，就会发现孩子真的是可以信任的。

我们来举个例子。弗雷德和哈里·琼斯做了朋友，但实际上哈里是个坏孩子。假如没有人来告诉弗雷德，他也会渐渐清楚哈里的为人，而且还会跟自己的母亲讨论解决方案，怎样才能和哈里断绝来往。

这样一来，大人就会嫌弃哈里，并且要求弗雷德和他断绝交往。然而，如果弗雷德是个宽容大度讲义气的人，那么他将跟随支持哈里，他们之间的不良联系也会得到进一步加强。

埃塞尔来自于一个文化知识分子家庭，她的同桌莫德，来自一个商人家庭。埃塞尔发觉，她怎么做都不能使自己和莫德成为好朋友，她感到很失落。

事实上，是母亲向孩子强调了交往时要注意门户问题和品行问题，才使孩子的交友选择有了改变。母亲告诉孩子，人的品德好坏关系到家族的兴盛与衰落。其实，父母在孩子的交友问题上，应该保持一贯宽容接纳的态度，而不应该过多干涉。

综上所述，大人对于孩子的朋友虽然没有表现出嫌弃的言语和行为，但孩子还是能够明白父母的意思，将父母的观点作为自己交友的准则。

父母对于孩子支配零花钱的事情还是应持以宽容的态度。如何合理利用这些零花钱，需要孩子自己谨慎计划。父母每周给孩子一定的零用钱，但从没想过要在孩子利用钱的方面施以教育。

比如，家庭困难时期怎样给孩子零花钱；日常花费如何安排；怎样储蓄用于购买大宗物件的钱；如何在经济拮据时合理安排消费。

另外，在饮食方面，我们要注意简单朴素。在有客人时，我们可以适当改善，而日常生活中的饮食要节俭。

我们要理性对待购物花费。很多家长觉得，孩子没必要去思考这些花钱的事情。但是，这样会使孩子形成错误的金钱观，他们会认为钱只是用来满足人的愿望的一种事物。当然，这不是要父母控制孩子花钱，孩子有自由支配零花钱的权利，父母要予以准许。

孩子还小的时候，可以让他们用零花钱来买一些手帕、手套等用品。女孩子长大一点了，就可以用零花钱买漂亮的裙子和生活用品。

如果父母对孩子已经进行过金钱教育，但还是对他们不放心，那孩子将难以独立面对自己的人生。因为在将来的时代中，判断人品德好坏的重要标准之一，就是看这个人在花钱方面能否理性、大方和科学合理。

孩子应该有自己独到的观点，家长在这一点上，必须要给予孩子

足够的自由空间。

尽管很多男士都为那些尚未解决的社会问题而担忧，但是对于各种社会问题，诸如政治、文化、艺术等方面的问题，我们持以最初不变的看法。

在这些问题上，我们必须坚持与时俱进，跟上时代步伐，不然，将处于停滞不前的落后状态。让自己拥有独到的见解，也是一种自我的责任。如果没有理由推翻之前的观点，那么我们还应继续坚持原来的观点。

但是，我们没有任何权利将自己的观点强加到孩子身上。

我们都知道，做到让孩子崇拜父母是轻而易举的事，而且父母也愿意在各种事情上听从孩子的意见。当孩子提出反对意见时，那么就显示出我们大人与孩子在思想上存在代沟。

比如，纽曼的母亲信奉福音派，是个诚心的教徒。她在孩子还小的时候，就开始向他们灌输自己的思想。她或许觉得，孩子接受了母亲的教育，就会将思想融进自己心里。

但结果却不是这样，孩子长大后，都极力地逃脱了母亲的思想禁锢，一个儿子信仰了罗马天主教，另一个儿子开始自创教派。

如果母亲能将基督信仰原则教育给孩子，那么她可能不会像现在这样忧心烦恼了。母亲可以从小教育孩子要顺从，但要求孩子把福音教作为信仰的唯一选择，这显然就太不合情理了。

政治方面，我们要对孩子进行爱国主义教育，教导孩子要履行公民义务。等孩子长大，有了独立思考问题的能力，他们就会明白父母的观点是正确的。

父母要注意，在孩子小的时候，思考问题的能力还很弱，这个时候不能将自己的思想强加于孩子。家长对待孩子，最好以宽容接纳的态度，不过多干涉孩子的思想，让孩子自然形成自己独到的思想观念。

积极主动是孩子的优秀品质，但这种品质并非是与生俱来的，而是后天教育影响而成，也是父母对孩子进行行为规范教育，采取宽容态度的结果。

父母具有的权威性，很容易影响孩子形成固定的家庭习惯。因此，父母要注意避免形成不良家庭风气，破坏家庭声誉。

» 权威不是万能的，父母要放下无用的权威

20 世纪，我们放弃了一些 17 世纪运用得很好的安全保护政策，由于那些伟大的哲学家们大都赞成和运用洛克的理论。一直到洛克学说遭遇失败，他们才不再坚持。

赫伯特·斯宾塞先生认为理由是首位的，跟法国人的做法是一致的。他坚持理由一贯正确论，与当时占据权威地位的思想格格不入。他深入研究这个最后的权威思想，并最终发现了它的来源。

人们如果相信造物主是存在的，那么肯定会十分信服权威，不管是最高地位的权威还是任何权威的化身。另外，他还补充道，我们每个人都能找到自己是权威的理由。

斯宾塞是一位敢于直言的哲学家，他把自己的发现公开发表。如法国人的评价，他探究理由，打击了人们以往认为的万能造物主的权威。

经过无数次推理分析，得出值得我们思考的理论："我们失落地坐在我们的墓地上，不知道我们从哪里来，也不知该往哪里去。"

减少对神学的信仰，就意味着人类的权威减弱了。各种权威，如在国家中国王及其代理人或者是家庭中的家长，统统被削弱了权威。之后，我们所受的教育便成为权威之下的事情，它会影响孩子和大人行使权利。

应当教育孩子从小按自己的意愿行事，虽然他们辨别是非的能力还很弱，但我们还是要允许他们做自己乐于坚持的事情。做事情不根据客观规律，就会遭到恶果。孩子就是在一次次失败中明白了应如何把握客观规则。

父母必须努力避免"你必须"或"你不能"等命令口气的语言。斯宾塞先生制订了完善教育计划，目的在于解放束缚中的孩子。他甚

至觉得，孩子不能学习语言，因为语言中的语法规则违反了自由原则。

权威不是天赐的，而是后天形成的。斯宾塞先生对教育发展做出了重要贡献，他的著作《论教育》寓意丰富，受到无数父母的推崇。但人们并不了解，它其实是哲学体系中经过深度思考分析的一部分。对于这个哲学体系，家长未必能全部接受。

斯宾塞先生的观点是，在教育孩子过程中，不要给予其过多权威压力，给孩子足够的自由空间供其发展。家长们都支持他的观点。

但他们可能都不了解，作者用尽毕生心力，致力于在教育领域将权威思想清除出去；或者他们也不知道，由于权威将教育领域与造物主联系在一起，所以作者不支持父母行使权威。不管对待什么事情，我们都不能随意行使权威。

《论教育》这本书尽管通俗易懂，但我们在真正阅读它时，要把它当作一位博学的哲学家，认真倾听他的教导。

这位哲学家认为，无论大小事情，我们都要有长远目光，必须三思而后行。他反对孩子对自己的父母无令不从，不愿看到孩子只会服从家庭权威，失去自己的自主意识。

斯宾塞先生主张的理性主义哲学影响了无数人，不只是阅读过他书籍的人，也不只是阅读这本教育手册的人。我们用“快如闪电”这个词来形容思想传播速度之快，推算想法的兴奋度、强度和速度。

你一定很想知道，探索中产生的新想法，一下子成为众人皆知的观点需要多长时间。我们往往会将一些流传甚广的观点作为自己的想法，但对它们的起源却毫不了解。上述那样的推算手段是不存在的。

事实上，社会底层的文化思想也难溯其源头。在落后思想的影响之下，人们对于教育理论没有深入研究和接受，但也并没有完全抗拒，很多父母甚至不清楚这位哲学家的存在。

其实，一种思想或观点一经产生，就存在于传播状况之下了。人们不清楚它的起源，也不知它将往哪里去。

我们以道理作为判断依据的话，显得有些极端，但哲学思想是相当有影响力的，所以我们必须对每一个理论观点严加检查。当我们能用这种方式避免侵害时，我们就会从一些错误理论中得到有益的东西。

20 世纪初，英国很可能出现这样一位哲学家，他脱离了理性主义思想和物质主义思想的两大束缚，建立起伟大的功绩。人类对自己已经足够厌倦，以道理为准则的习惯更是让人感到窒息。

除了造物主以外，任何事物都不能满足人类的精神需求。而在某些方面来说，哲学思想偏离了原有的正常轨道，循着其他轨道通向伟大的造物主世界。

权威和服从是两大基本原则，新的想法给我们提供了一个全新的精神寄托，那就是以权威为准绳，着力恢复到它原来的状态，制约人们的思想情感，犹如万有引力定律一样，在世界各个角落都存在着。

适应权威就是单纯地服从原则，就如滚珠适应轴承一样。在原则的基础上，人们同样还要受到法律秩序和管理制度的制约。

本杰明·基德先生在《社会进化》中表示，这两个基本原则需要进行大量的实际考证。

为什么球队要听从队长的指挥？为什么军队要服从长官的领导？什么原因导致一群流氓惧怕几个警察？为什么一笔大部分人想得到的但掌握在少部分人手中的财产是值得我们敬仰的？总之，为什么世界需要专制统治，而不是放任自流呢？

这些都是基德先生所关注的问题。他利用“理由”来探讨答案，但是没有任何结果。

“理由”的本质意义就是利己主义。不管什么事情，我们是个人行动还是作为集体行事，都是由自身利益牵引着，才引发我们的行动。为什么军队一接到命令，就要立刻赶往乔治广场做事？为什么士兵能勇于冲锋陷阵？

他们不能问“为什么”，他们只能选择一律服从和勇往直前。不

清不楚的“理由”没有明显作用，顶多就是在权威之下选择服从。

事实就是如此，命令下达给他们，他们就必须顺从地去做。当然，我们相信他们能做得不错。我们心中明白，这种精神就是英雄主义。

由此我们能明白，人类之所以有优秀的成绩，大多是靠权威之下的服从换来的。随意运用权力会导致社会充满奴役和暴政，但奴役和专制统治是以人类的本性为基础的。

我们人类的天性中都带有霸道和奴性，也会根据具体情况对他人进行统治，或者受他人统治。对于我们来说，自由幻想是我们能轻而易举做到的，尽管它并没有多大意义。

就如同你幻想着这样的一个世界，在那个世界里，苹果不是从树上坠落到地上的，而是满天乱飞的。但是事实并不是这样的。

什么是权威？这个问题突出了唯理哲学家们思想进步工作中的重要性。他们使我们远离了专制统治。他们认为人权神圣不可侵犯，他们要努力证明这个真理：人人天生而平等，每个人的自由权利与生俱来，任何侵害他人自由权利的行为都属于犯罪行为。

有些家长或老师对待孩子过于严苛和专制，很大程度是由于孩子或者学生逆来顺受的态度。他们时常会对孩子或学生说：“你必须按照我的要求去做事。”

因此，家长和老师应该感激那些唯理论派，因为他们崇尚自由，更提倡孩子在家庭生活中的自由。这不仅仅是一个好的风气，也是能征服世界的伟大原则。

一位哲学家对此近乎疯狂地支持和推崇。之后出现的不同思想也受到人们的追捧。

我们的教育是在这些思想潮流中开展的，它们批判了我们头脑中的权威思想。我们陷入困境的情况，让我们记忆犹新。

我们之前一致认为，权威是属于某些特定人群的，我们要做的，就是服从他们的专制统治。每个人都要服从他们的领导。我们从宗教信仰中得到这一思想，我们坚信造物主允许专制的存在，因而我们拥护国王和家长的权威。

但我们现在明白了一个更加科学的道理，那就是只有政府才有权使用权威，任何个人都没有权利拥有它，否则将是大逆不道的。

现在我们明白了，拥有权威的人必定拥有权力，但他还受上级权威的牵制。拥有权力的人同时也肩负着一定的责任，他们必须要恪尽职守，履行职责。

如果他们当中有人以权谋私，收受利益，那么他将不配再拥有权威，只会成为个人专制独裁的典型。这种行为也必将受到刑事法律的制裁。

如此一来，关于权威与惩罚的思想世界便不太平了。独裁者的统治开始要靠恐怖措施来巩固，为了维护他岌岌可危的统治，他必须实施严加处罚的命令，才得以夯实统治基础。

授权人就不必靠律法来支持了，因为他们不仅拥有强大的权威力量，还有人们的顺从意识。

» 权威在学校与家庭中的错误运用

奥古斯特·哈尔先生的记忆力非常好，他曾经写了一本自传性质的书籍，叫作《我的生平故事》。他在书中详细描写了自出生以来所受的侮辱和轻蔑。

尽管书中有很多生动形象的细节描写，但是当认真读起来时，却味同嚼蜡，没什么趣味。但究竟是自己身边的读物，所以就认真读读吧。这本书的可贵之处在于，将有教育意义的童年故事记录了下来，并且警示我们哪些是不能做的事情。

随着一本《平静一生的回忆》的出版，我们对于奥古斯特·哈尔夫人的品德和性格有了更多了解。但是我们又看到了她对于养子的责任陷入误区，我们明白了此时我们所看到的，并非是一个普通人所犯的错误。

这位夫人从来都是按照原则做事，那么如果她犯错误了，就应该

是原则上出了问题。她将权威原则与专制原则混为一谈。

她认为父母的专制统治是很有益处的：孩子受到的专制统治时间越长，他就会变得越出色；家长实施的教育和命令越严厉，越能在孩子身上产生极好的效果。

有这样的一个例子。一位严厉慈爱的母亲总是喜欢强迫孩子做某些事情，孩子回忆说："现在，我的食物受限制，晚饭只能吃米饭和烤羊肉，除了这些，母亲不让我吃别的。"

"后来，人们在饭桌上都很喜欢吃美味的布丁，他们对布丁的谈论让我十分渴望能尝一下。终于有了机会，面前的饭桌上，摆着许多可口的布丁。但正当我欣喜地想要大吃一顿时，却被母亲端走了。"

"我不得不沮丧地将它们分给村里的穷人。尽管我对于食物的要求不高，但是我仍对她处理这件事的方式耿耿于怀。我感到痛苦又愤怒，世界上最可怜的人就是我了。"

还有另一个专制的故事。母亲接受埃丝特姑妈的建议，在礼拜期间，将我独自锁在教堂厢房里。夏天在家享受礼拜的快乐愿望总是被现实打破。这三个小时的监禁简直是煎熬，一个三明治就是我的食物，而且每周都要经历这个痛苦的过程。

我很惧怕有鬼，赫斯特蒙苏教堂处于一个偏僻的位置，远离尘嚣，这种环境让我心生恐惧。厢房外就是公爵那高高的坟墓，我偷偷地爬上去，看到两个醒目的白色大字，霎时间我感到十分害怕。

厢房里的老鼠在地板上窸窸窣窣地爬动，让我感觉到像是月黑风高的夜晚。在礼拜仪式期间，我随着大人们一同唱起圣经中的每一句词，这才能抚慰我悸动的心。

这些圣经里，大卫心怀鬼胎，并将邪恶的观念用来危害埃丝特姑妈她们。因为圣经本身是美好的，所以英国的教堂也一直用它来当教材，对于这个做法我表示认同。

哈尔夫人十分明智，她相信自己的感觉和分辨力，不以任何原则为标准："我认为，在孩子做一件事情的时候，我们最好是信任他有能力做好，而不是时常对他进行检查。"

"如果我们对孩子的能力表现出不信任，那么他的内心将会产生犹豫，到底自己应不应该做这件事呢？"

"但假如我们对孩子表现出绝对的信任，那么这种信任将鼓励他努力把事情做到完美，不辜负家长的信任。父母下达的命令不必重复说明，也不要解答孩子所问的'为什么'。"

哈尔夫人跟许多人一样，也会在自己的管理上出现失误。但这并不是自身的粗心大意或者疏于进取所造成的。其实问题的症结在于，她根本不知道自己拥有的权威的本质意义。

专制是以自我为中心的自封的权力。相反，权威则是不以自我为中心的不自封的权力。圣歌队的队长说道："我也是一个授权人，我的属下是那些士兵们。我发布的命令，士兵们必须听从。我命令佣人做什么事，他就得去做什么事。"

我们虽然拥有权力，但我们也受到权力的制约，队长是合法授权人，所以他可以对手下的士兵们下达命令，让他们做一些事情。他相信他的命令将被士兵们很好地执行，因为他的手中有领导士兵的权力，以保障任务完成。

而他自身只是一个为完成任务而工作的奴仆，行使权力也是完成任务的必备条件。他听从上级领导的命令，依照指令做事情，而不能用自己的意见行事。

他有任务在身，也是自己的职责所在。因此，他利用自身的权威发布命令，他深知自己的职责，同时也获得了属下的认同和服从。

表现权威的形式没有让人感到反感和厌恶，也并不是十分挑剔或者一味纵容，这些都属于专制行为的范围。专制统治者无时无刻不监督着那些叛乱分子，一旦被他发现有人背叛他的意旨，那么背叛者将立刻遭到处置。

国家、学校及家庭领域，专制者都对反叛者进行严厉处置，他们要求人们按规矩办事，他们常常将“你必须”和“你不准”挂在嘴边。

对于专制权力的向往普遍存在于每个人的心中，就算是看起来非常温柔谦和的人，内心也存在着这种倾向，因此我们必须严阵以待。专制行为除了在惩治他人方面有所表现外，还有着其他形式，如推卸责任和纵容他人等。

» 给孩子留下最美好的记忆

下面我们再去探究一下他的另一个理论，那就是“特殊生活经历”对于人体细胞结构的影响，看看是否能从中发现关于教育上某些情况的解释。

莫德斯列博士曾说：“人们在清醒状态下产生的意识，在脑海中消失后，会在将来的某个清醒状态下再次浮现出来。”

我们认为思想意识活动没有一下子烟消云散，它们会留下记忆路径，带来下一次的重现。感觉在大脑中留下的印记，大脑各区域分子间的运转，大脑活动带动的脑部肌肉运动，都会使大脑里的神经分子发生功能性改变，最终留下自身活动的相关记忆。

重复记忆之下，思想意识的重现变得愈加简单，越简单的意识出现的次数越多。因此，意识在某些状态下不能重现是说不通的观点。

大脑里两个没有区别的细胞，如果其中一个受到刺激，那么这两个细胞就有了区别。这种过程就是记忆的基础，不论它有怎样的性质，都奠定了心理功能发展的基础。

莫德斯列博士说道：“神经分子发挥功能时，它们结构上发生的变化常常被称作残留物、残迹、残片、退化器官等，或者叫作潜意识。然后，神经系统产生的各种情绪，如快乐、悲伤、欲望等，连同各种外在的反应，都会产生结构上的变化，留下思想、情绪、行为的印记。”

“就像我们观察一个生活经验丰富的人，他的思想和感觉往往很敏锐，那些曾经活跃在他精神系统的思想留下大量残留物，它们促使人的性格的形成和改变。”

“对于那些复杂动作，开始的时候，我们必须要集中精力和无数次练习才能完成，但经过重复训练操作，就变成了一种习惯性动作。最初的思想来源于大脑有意识的思考，但结果却变成了无意识的空想。”

“人的特殊能力常常是被动形成的，一个人除了与生俱来的天性，剩下的品质，如开心、悲伤、勇敢、软弱等，甚至道德情感方面，都来自于后天特殊生活经历的影响。”

当今时代，我们已经拥有了一部神圣的教育宪章。实际上，我们建立起来的教育宪章已经比较成熟了。如果我们能明白自由权利的行使范围，那么我们的教育热情将会迸发出来，就如同早期的基督教徒期盼上帝降临那般热切。

如果一个人预见到自己将能画出世界上最美丽的图案，那么他一定会耐心地、孜孜不倦地朝着那个方向努力，同理，如果我们预见到自己的孩子将来前程似锦，那么我们又怎么会不竭尽所能来培养他们呢？

科学已经解释了教育理念，在神圣使命之下，我们深刻认识到了这种道德责任，开始积极地去完成使命任务。

一个民族如果没有道德观念，当他们对于教育的前途有了更深的理解，那会造成什么样的反响呢？人们终究是后知后觉，“曾经的习惯已然在人们心中根深蒂固，牢不可破，阻碍着人们前行”。

莫德斯列博士及其他生理学家的理论，已经经历了几十年的时间。我们选择的这些经得起时间考验的理论，在国内外的 100 多位科学家那里也得到了认同。

每一位科学家都赞成他的理论，但我们呢？我们还是像以前一样，置若罔闻，按自己的方式教育着孩子，墨守成规，不管给予孩子的到底是良药还是毒药、是玫瑰还是荆棘。

如莫德斯列博士在最后的总结陈述一样，我们也对自由权利的教

育宪章进行一下总结。

通过运用莫德斯列的教育原理，我们能为记忆奠定物质基础。当一个孩子刚出生不久还只会伸胳膊踢腿的时候，所有的早期记忆已经被他无意识地印在脑海里。

我们要做的就是，帮助整理他的记忆，保证他最先看到的是整洁美丽的环境，最先听到的是悦耳动听的声音，最先闻到的是芳香纯净的气味。这些最先印在他脑海里的痕迹不会随着孩子的无意识而消失不见，反而将会跟随孩子一生。

我们以后会了解到，记忆是可以组合的，已经储存记忆的大脑区域，当出现类似的记忆时，它们会主动聚集在一起，实际上，人们的一生就是以最初亲切的记忆为规范而展开的。

我们在此基础上可以促进各种心理功能的发展。毫无疑问，孩子对于神话故事都喜欢也都好奇，他们也都有着糊涂天真的时候。如果哪个孩子不是这样，那么他的心灵一定是空虚而未得到充分满足的，就如同等待受精的卵子未得到精子一样。

我们将引用莫德斯列博士的《思想哲学》，谈谈父母从婴儿期开始为孩子的将来该准备的事：

他对于某些问题，如人际关系方面，有没有自己明确的主张；

他喜欢整洁还是习惯邋遢，是否节约、守时；

他对待事情主张利己主义还是利他主义，以及因此而形成的情感和行为方式；

他经常思考的是日常小事、物质追求、利益交换，还是人类的精神世界以及上帝和人类的关系；

他的优秀才能表现在音乐艺术上还是发明创新上；

在与他有关的家庭关系和其他亲密社交关系上，他的性情总的来说是不善言辞还是坦诚相待，傲慢不羁还是温柔可亲，忧郁多愁还是乐观向上，懦弱不前还是勇往直前。

第四章 每个孩子都是独一无二的

» 孩子是独一无二的，重视他的个性发展

我们在研究德国的教育思想学派时，感到了思想的创新性，其中两位伟大的思想家分别是裴斯泰洛齐和福禄贝尔。

现如今我们倡导轻松教育，快乐学习，激发孩子学习的热情；倡导老师爱学生，学生尊敬老师，让孩子在学校度过快乐的学习时光。这都深受德国教育思想的影响。

当有人试图在我们历时已久的心理学体系中寻找缺陷时，我们会感觉他们是在吹毛求疵，就像别人送我们一匹马作礼物，我们却非得仔细查看一下马的牙齿一样。

他们认为孩子就该像花园里需要精心呵护的花草，但我们是否对孩子过于关爱了呢？自然对于这些稚嫩的花草是否过于爱护了？环境是否被完善得过于完美了？我们能确定孩子在幼儿园会比在儿童乐园发展得更好吗？

我们也都观察到了，那些经常待在家里玩并与外界缺少联系的孩子，他们的接受能力和创新能力一般比在学校的孩子要强得多。

在弗拉·安吉利科的画作《最终的判断》中，有这样一个情景：一群小和尚手拉手围成一圈跳舞，图里还有几个美丽的天使正向天堂飞去。

小和尚的神情都非常开心，但是作者好像忽视了个性色彩。小和尚如果在幼儿园玩耍，没能使自己按规律排好队伍，很可能被批评。

孩子在情绪高的情况下，往往会更听从大人们的话。在美德中，勤奋居于较高地位，也就是人们常说的："只要你够勤奋努力，就会得到幸福。"但这样说，真的能使我们的孩子变得勤奋上进吗？

如之前的比喻那样，孩子是花园里备受关爱的花草，幼儿园里的老师是优秀的园丁，但是他们自身也难免存在着局限性，不能很好地培养孩子的个性。

这种思想只是强调了培养"植物"开花结果的神圣教育责任，而忽视了孩子也是需要按照自己的个性来发展的这一客观事实。

拼搏、对抗和防御是人生存的法则，但我们好像忘记了，人还是要受两大自然法则的制约：一是物质世界的法则，二是精神世界的法则。

有些人觉得，孩子还小，拼搏对于他们来说，应该是在美好的童年之后才开始的。事实上，这两个原则是适合于整个教育过程的，它们的实施应该连续而不间断。

虽然有关于它们的实践活动与现代精神与时俱进，但幼儿教师们只要稍微用心一点就能发现这一理论的局限性。

以前在幼儿园里，孩子只能在方格中用铅笔绘画，这样的图画让人看得糊里糊涂；而现在的孩子，他们在幼儿园里可以自由地用画笔涂画，这表明了孩子的自由权利和独立性得到了尊重。现代的思想正如用画笔替代铅笔一样，在不断地进步。

时刻记得我们最初的目的，才能有效避免一些不必要的麻烦。这点是很重要的。

» 不要让孩子成为任何人的复制品

由于空间有限，下面简单介绍一下另一门心理学——赫尔巴特心理学。这门心理学相对艰深，它赞同美国思想，认为心理学属于自然科学的一类。英国的教育者们对它顶礼膜拜，犹如在快要淹死的瞬间抓住了一棵救命稻草，认定它能拯救我们的生命。

赫尔巴特生活在德国，是18世纪初著名的哲学家、心理学家和教育家。他与裴斯泰洛齐和福禄贝尔是同一年代的人，是科学教育学的奠基者。

赫尔巴特心理学对人的研究十分全面，涵盖了我们之前提到过的所有心理学。我们可以将这一理论作为教育的理论基础。和我们之前说过的一样，赫尔巴特心理学与这两位思想家相互影响，共同奠定了世界的教育基础。

当我们研究赫尔巴特心理学与这两位思想家的关系时，我们可以知道，其实他的理论也不是十分完美的。

赫尔巴特在个体的观点上与我们是不同的。他承认灵魂存在，但他又说："人的灵魂是宇宙间无数物质当中的一种，它与其他外界物质产生关系，相互影响形成了'观念'。"

"人的灵魂和其他物质一样具有永恒存在性，最初的形态是空洞无物的神秘物质，不能为人所知。人们只能透过表面来观察，洞悉那些通过灵魂与其他物质相互影响而形成的观念。"

灵魂在受到影响刺激后，就不再是原来的性质了。问题就这样被简单化了。

当灵魂要接纳思想进入之时，我们本身的理性、喜好和情感部分就被排除出去了。在这个公平公正的场合，每个思想作为一个活的个体，都依据自己对柏拉图概念的熟悉程度，排好队伍等待着灵魂的吸收。

当它们被接受进入时，它们会立即寻找自己家族的成员，并耐心等待着被安排到最合适的位置和团队里。它们兴奋地改变自身形态，努力形成一个团结有力的"概念群"。

我们可以看出，灵魂的最大作用只是为思想表演提供舞台。不管它的名称是什么，自我、灵魂或者说是个体，都不是最初的原因或事实，而只是一个结果。

这位哲学家重视开发思想潜力，他为教育事业的发展贡献了伟大力量。如今形成了一个理想的理论观点，怎样去长期给予孩子适合他

们的思想感情教育，使它们能自然地与孩子的灵魂相融合，形成坚不可摧的“概念群”。

教育界为了在应用实践上方便，于是将所有相关理论做简化处理，教育思想的选择和培养目标的制定近在眼前，整体计划和连续计划为我们展现了很好的未来。

我们可以利用同一个“概念群”，将与课本有关的整体计划和所有知识完美结合起来。而且，我们更可以利用这一原理，去学校将知识课程在一个月内全部学完。

我们先从实物的颜色、形状和尺寸等普通知识学起；然后按照需要再进一步学习造纸和装订书籍；接着进行装订书籍的实践活动；之后再根据需要，从简单的英文字母和游戏开始，渐渐展开对哲学和诗歌的学习。

只用一个月时间就能将课程全部学完吗？听起来有些不可思议。如若真是那样，学校的全部课程，就可以用书组成一个巨大的“概念群”。曾有人在伦敦做过公开的实验，例如，苹果就可以视为“圆”的概念加入这个“概念群”。

如果我们给予两个灵魂以相同顺序和内容的思想，那么结果我们只能得到两个一模一样的复制品。如果这样下去，我们民族团结的伟大思想将渐渐消逝。

我们对于人是神圣不可侵犯的观点深信不疑，赫尔巴特对于我们所关心的话题，即人的个性问题，又有什么见解呢？人之初，本身就简单如一张白纸，之后而来的思想只是身外物。

人们对于情感接受没有门槛，可以轻易地接受各种思想感情，毫无适合不适合的问题。个人的发展进步依靠躯体内的思想来进行，并不是他本身在进步。人可以看作是一种运输管道，将思想运输到需要的地方。

赫尔巴特心理学对于教育有促进提高的作用，但我们不能照搬照抄，否则将使得两个伟大教育原则失去价值，这两个原则是为人类教育做出了巨大贡献的。

在那些与教育思想有关的心理学学科中，每门课程都是值得学习的经典，但却都不是毫无瑕疵的，不能很好地为教育者提供理论依据。所以教育工作者们在教学时，很多要靠自身经验理论，或者旁征博引一些理论作为根据。

就像我们在做一道复杂的数学题之前就已经知道了答案，但是我们为了知道答案是如何算出来的，于是开始试着运用加减乘除各种方法，努力寻求跟答案一致的解决方法。

因此，我们看到很多心理学家虽然没有什么名声，也没有出过什么名书，但是却总能有方法来解决教育上的问题。但他们并不是根据已经知道的答案来破解难题的，而是从固有原则中探索发现规律来解决问题。

我的观点是，一门心理学的实用性必须能满足我们的需求。我们在研究这门心理学的时候，应该有什么要求呢?

我们的态度谦恭而又追求实际，我们不想把自己说成是心理学家，我们的目的只是想要找到更完美适合的教育理论根据。虽然感觉心情紧张，但还是宣告一下我所做的工作。

根据这些指导思想，我们会选择一些宽容而见识广的人来从事这项工作，虽然我们还没有完整地做好这个原则的事业，但我们还是可以看到这项事业的美好未来：一个理想而又实用的教育方针即将诞生。

这个方针将不断被完善发展，最终将作为人类伟大的教育原则贡献巨大力量。

公开的教育真理是大家共同的财富，尽管其中有些人为此辛勤付出，得到的却相对很少。但是我们或者任何社会人士都不能将其据为己有，自私地说道："这条真理是属于我的，那条真理属于他。"

我们一直在寻找一门适合实用、与时俱进的心理学。在这种教育思想的影响下，很多青年人都具有了相同的品德素质。

这些青年人活力无限、精力充沛，尽管他们在体育活动上并不是很积极，但他们不会选择独自一人在教室发呆，就算是在大家都认为的枯燥无味的家庭课程中，在听老师讲课时，他们也不会觉得苦闷，反而兴致勃勃。

他们的生活和那些总是有伙伴陪在身边的人们不同，他们追求的是安静平稳的生活。他们真诚正直，充满生机与活力，对于事物总有好奇心和新鲜感，因而我们对他们要进行相对连贯的教育。

孩子对于新鲜事物的学习兴趣很浓，不过从小学四年级开始，他们的兴趣就降低了。但是这些孩子的人生还是连贯的，按照顺序，从婴儿到少年，再到青年、成家以及成为父母。这其中并没有转折意义的阶段，只是顺理成章的自然过程。以上这些观点，引用了一些别人的言论，但大部分还是根据我们的工作原则进行阐述的。

» 不压抑孩子的天性，让他成为他自己

“习惯变成自主活动”这句话一直在我脑海中出现，这个时候我总算是明白这句话的含义是什么了。

或者说我们把这句话引入到我们的教学当中，能创造出一个奇迹，一个类似于芝麻开门一样的奇迹。不过这个时候，关键的一点是我们要知道大自然的含义和习惯的定义。

我们会想儿童到底意味着什么，我们在想这个事情的时候，会忽然看到，儿童就是人类当中的一员，不管民族一不一样，所在的地方一不一样，出生的家庭一不一样，他们仅仅是作为一个人而存在着。

在实际中，我们人类全都有着几乎相同的简单的想法。在这里，我们一定要对这样一件让人惊奇的事情有一个认同，因为人类的天性以及对于事情的追求都差不多，因此才会有差不多一样的守则规范着、约束着全部人类，不管这个人在哪里都是一样的。

比如说，相同的渴望，不仅仅那些简单粗暴的人会有追求的冲动，在那些有良好的教育以及强大的智慧的人心里也会有对这个渴望的

冲动。

孩子一生下来就对所有的事情感兴趣，想要依靠自己的视力看清楚每一样东西，他们表现出对知识的强烈渴求，这些也同样适用于每一个人，对每个人都有着很强的促进作用，指引着每个人幸福地生活在这个世界上。

我们经常可以发现，假如有两个儿童一起玩耍，他们都会很开心，并且对对方都很亲切。不过，这个缘由也适用于其他的方面，那些村庄会从最初的散居状态中聚集起来，在那些拥有很多知识的伟大的人家里，我们看到了人与人之间的相互尊重。

在教育工作者的手中拥有一种奇特的力量，这种力量使得在孩子的心中，一句鼓励的话比其他所有的东西更能让孩子感兴趣，惩罚的话能够让孩子从错误中尽快改正过来，并且不想再听到类似的话。

任何一个人都具备相似的渴望，并且他们现在的情感以及热情也大相径庭。在遭受到外面的冲击的时候，这些冲击造成的结果也差不多。

快乐以及悲伤，喜欢以及憎恨，对时间的怜悯，对恐怖事情的害怕或者是对人间的悲悯经常在每个人的心中出现，伴随着这些的，还有我们对于工作以及生活的一份承诺。

在利文斯通的著作中，曾经有过这样的一个事例，那是一个部落中自发形成的风俗习惯，在利文斯通看来，他们的风俗让人们的思想变得非常高尚了，当然，如果在那个部落再奉行一夫一妻的制度，那么就更完美了。

尽管说在黑人种族当中，大部分的人没有接受过上帝的洗礼，不过在他们看来，骂人的话，说谎，不听从父母的教导，不尊重父母等这些行为都是不可以做的。

大家不只是希望人人都勇于承担责任，并且关于人类的起源也有着共同的认知，虽然说有的人对于这些的理解会不太清楚。人类关于自己天性的一些认知，也是根据这些风俗习惯或者共同的道德约束而

来的。

然后，我们需要进一步探索的是来自上一辈的遗传，不过在这里这个词的含义变成了最自然的人类本身的天性。

我们采用什么样的办法改变那些一直埋怨其他人并且不听从说教、性格暴躁的孩子呢？因为上一辈，上上一辈的人都是这样的，这个孩子从出生的时候开始也是这样的，我们有什么样的办法呢？

我们回想一下儿童眼睛的动作，手部的动作以及与众不同的笔迹，就像是考伯的著作中提到的那样，有的特性在他们家族上溯五代人身上都具备。

关于美术、乐曲以及其他的艺术上的欣赏水平，都可以从一代传承到下一代。这些都融合到了儿童的性格中，不断地影响着儿童的发展。

这些遗传就好比是在墙中的钉子，拔不下来，当有人想要转变这种遗传或进行修正的时候，就会遭到排斥，不过我们都不明白这是怎么回事。

在我们观察对于事情的渴望或者是对于事物的感情程度时，那些体质比较弱的孩子跟那些体质很强的孩子也是不一样的。

人们的性格是由很多方面构成的。人们会有一样的渴望，一样的感情以及一样的心理，还有从上一辈遗传下来的一样的生活方向和特性。

人们都具备独特的身躯以及独特的大脑汇总。上面讲的这些融合起来就变成了人类的性格，这个也成为了人们的诞生是自然的需要的理据。

所以说，我们现在明白了，我们一定要做到的工作就是放任孩子按照自己的意愿长大。让我们深入地了解孩子天生就有的那些性格，让他们在没有障碍的环境中进行自主发育吧。

我们可以肯定地讲，在我们生存的社会中，至少百分之五十的父母以及大部分的教师都倾向于让孩子在自主的意识中进行发育，不过这样做的效果怎么样呢？那些孩子是不是在成长的时候有了提高呢？

社会上存在的那些优秀的孩子，都是因为他们的父母很努力地进行教导的结果，剩下的那些孩子，并没有取得进步，这个就好比是让一头垂暮的牛拉着一个不好的车似的，没有一丁点的转变。

在现实中，一点都没有变化也是不现实的，孩子前进的时候跟我们在水上划船是一个道理，只要没有前进就等同于退步了，这个是长久以来无法改变的一个道理。

因此，**父母的工作应该是，不论儿童有什么样的天赋，都要对孩子的品德行为、品德信仰或者是其他的一些事情进行教导，所有的这些都非常关键，这个跟给儿童提供食物一样关键。**

不过我们生存的社会也可以对我们的教育有一定的作用，有的不顺从父母的男孩可能会由于生存社会的作用变成一个优秀的男孩，我们常常可以观察到这样的情况。不过即使是这样，我们也不应该把所有的希望都放在这种可能出现也可能不出现的机遇上。

在我的想法中，那些对于教育真谛的妨碍不是由于我们精神领域中出现的疑惑才发生的，不过我们一定要有所认知的是，确确实实有这样那样的事情成了我们教育中的拦路虎。

比方说，孩子的毅力都很差，尽管说那些体质好的儿童毅力比体质弱的儿童强，但是体质弱的那些儿童几乎都没有毅力。所以说，不要依靠儿童的毅力来进行教育，这样是行不通的。

那些综合了孩子天生具备的所有的性格就变成了人的全部，这些性格有着家族当中一代一代传承下来的东西，这些性格是儿童进行自身活动的支配，所有的这些都拥有着强大的生命力以及巨大的能量。

» 孩子无法独立存活，都与外界有所联系

在前面的时候，我们就已经说过我们写这本书的依据，这个依据是，人类是可以自己思考的动物，所有的人类都是相同的。

每个人都可以用自己的力量感知到外面的事物，也都可以转换成

自己的思维表达出来，人类跟自己生存的社会有着某些注定的联系，这些联系是人类本身创造出来的。

不过我们观察人类的时候，往往看不到他们的想法和他们思考的模式，也看不到他们的性格以及出现这些的原因，也正是由于上述各方面的不一样，所以每个人都会表现自己独特的行为。

不过人们可以做很多的事情，也可以表现出很多的行为，是由于人类可以在自身的努力下跟自己生存的社会产生某种关联。

在我们的认知中，人类跟社会有某种关联的同时，他们本身的联系社会的力量有的时候会变得强大，有的时候也会变得弱小。

假如说，某个人所具备的可以跟社会建立某种关联的力量突然没有了，结果就是这个人在自身发展上面的一些能力也会因此消失。不过在对这个人的观察中，我们看不到这种能力已经不在他身上了。

不过，事实并非这样。在我们的记忆中枢中，这个人以前做过什么，跟社会有着怎样的关联，都可以被真实地记录下来。

这个人的想法或是亲身参与过的事情，在被大脑进行储存的时候，或者也可以这样说，我们把这个想法或是亲身参与的事情进行记忆的时候，我们发现原来最具有影响力的是我们的日常习惯。

其实，我们每天做事情的时候差不多百分之百的是因为我们习惯了，因此，在进行教学活动的时候，我们要清楚地知道，我们怎么养成的这种习惯，或者说，我们要知道这个习惯一步一步是如何影响我们的。

所以说，如果我们对于习惯的运转有一定的了解，将会对我们的人生很有帮助，并且是很关键的帮助。

总的来说，我们进行的教学活动就是培养儿童自主学习的习惯，然后他们就可以自由地吸取知识了。

为什么会出现习惯？那些专家都从各个方面给我们做了详细的解释。举个例子来说，为什么那些可以行走的人都可以读书呢？这个问题专家就给出了详细的解释。

不过，人类的想法是什么样的，又是怎样影响人类的活动的，或者说是怎样指挥大脑运作的，到了最后我们是怎么样有了感知的，这些问题的答案都还不知道。

我们一直不明白这些事情，甚至连我们为什么要睡觉，为什么会有生命力以及到了最后为什么要死去，也没有一个准确的解答。这样看来，我们也不用为这件事情过于烦恼。

在我们研究的各个方面，我们一直要求的是用事实作为根据，这个也是我们进行研究必须遵循的一点。

不过，我们遵循这个规律，必须要在我们已经掌握了很充足的、具有威慑力的证据后，才可以进一步探索我们追求的东西，才会让所有的人都认可这个研究。在柏拉图的眼中，人类的想法主宰着大脑的一切运作，所以说，关于上述的观点，我们就一定要认同了。

人类的想法是我们在大脑的运作中产生的，所有的人都不会仅仅依靠想象就可以创造出一种理论。“现在我们对这种思想进行一下记忆。”这句话我们听了无数次，不过，这句话中包含着一个非常容易理解又有深刻含义的想法。

想法出现的时候，我们就会用画图的方式把这种想法记录下来，或者也会翻译成文字写成一本书，或者会雕刻到日常的建筑中，又或者是靠着一代一代的口头相传。

尽管我们不知道这种想法可以经历多长时间的洗礼，不过想法总能穿过时间的障碍，一直存在于人类当中。

这些想法就像顽固的事物一样，某个时间段内，我们找不到它的痕迹了，不过等具备了它生存的条件之后，它会再次出现在人们的视野中。

对于这样的问题，那些研究人类历史的人都详细地了解这一点。就算是到了最后，人类不复存在了，我们也不明白这个想法是怎么产生的，什么时候这种想法会彻底消失。

尽管说一种新的理论诞生的时候，我们会在旧的理论当中徘徊以及进行否定，不过，在我们进行这样的活动之前，我们所创造的新的理论就只是在大脑中的一个念想。这样看来，我们也明白了一个事实，这就是每一个人都有自己想要认同的理论和想法。

当然，这跟理论本身是没有关系的，它们不会因为相似就聚到一起，而是由于不同的人拥有着不同的想法，他们只能够认同自己心中的想法，这是人类的一种本能。

现在，我们用一个简单的例证解释一下，我们用花粉以及还未形成受精细胞的花苞进行一个详细的说明。

我们知道，在进行授粉的时候，我们会有很多种做法，不过，大家不要忘记了，只有适合的花粉传播到接受它的柱头上去，才可以变成一个受精细胞，不然的话，就不会出现果实了，这点我相信没有人怀疑。

人类也是这样的，那些不同的人身上会有自己独特的，其他人不具备的想法。

不过，现在困扰我们的关键点是，那些精神领域中的东西跟思想能一样吗？能在那些天性就敏感的物质中遗留任何痕迹吗？

我们无法回答上面的问题，现在，我们可以讲的就是，之所以会出现这种情况，是因为我们在生存的世界中有一定的反应本能，我们可以对那些不经意间产生的想法有所反应。

在出现这样的事情的时候，我们的瞳孔会带着闪光，呼吸会变快，心跳加速，脸会变得很红，似乎全身都充满着力量，并且开始变得异常的热情，同时，我们会没有一点束缚的感觉了。

我们在生活中具备的一些习惯，是我们最开始的一些思想导致的，不过，我们也可以进行反面例证，就是我们最初的那些思想可以变成生活中的习惯以及活动的准则。同时，我们还可以让自己的习惯或者活动准则影响身边的人。

人类的大脑中，那些思想都不会是杂乱无章，说有就有的，都是会经过一定的规律才会出现的。

这就像是一名可以随时随地跟人进行沟通的刚刚来到这个世界的人一样，在最初的时候，他们也会按照一定的规律找到跟这个世界某种特殊的关联，就算是这个时候，他还没有完全了解这个世界。

在我们进行教学任务时，我们需要做的就是要保证所有的儿童能够快乐地生活在这个社会中，会按照正确的道路进行活动以及生活，而且要协助儿童找到只属于他们的跟社会的某种关联。

人们在自己最重要的想法的指引中，与社会的任何关联都包含着自己的想法以及习惯，而且他们会用组合一样的思想与方法确定这种关联，接下来在习惯的指导下进行物质的生产。这个也是我们将要探索的一件事情。

» 为孩子创造接触外界的各种条件

在这里，我会讲一下《纽伦堡的孩子》这本书中关于卡斯帕·霍斯这个人的事迹，我希望这样做可以让我的想法更清晰地呈现给大家。

我听说，那时候有个专家对霍斯进行过一项非常特别的训练。不过，这项训练跟当时的法律有冲突，所以训练被迫取消了。

我觉得霍斯的事迹就如同我们实验室中得到的那些数据一样，是非常有说服力的。

假如说霍斯跟生活在社会中的婴儿拥有一样的生活轨迹，在应用各种感觉器官的时候也和成人一样，我们会非常肯定地说，这个事例是绝对可以信赖的。

在 1828 年的时候，有一个制作皮革的皮匠在纽伦堡看到了一个将近成年的年轻人，当时他有一头黄色的头发，蓝色的眼睛，不过他的脸有点原始人的样子，并且跟猩猩类似，这种不符合常人的模样让皮匠觉得非常怪异。

当时，那个年轻人依靠着一堵墙，不过他的上半身是探出去的，

就像婴儿一样没有办法稳定地站在那里。

在皮匠想要近一点观看年轻人的时候，这个年轻人的喉咙突然发出一种听不清楚的声音，类似婴儿不会说话时发出的声音。

所有见到这个年轻人的人都觉得，他所拥有的智商仅仅相当于三岁儿童的智商。但是，他却拥有着接近成年人的身躯。

实际情况是，这个年轻人不是天生的白痴，他可以很快记住很多的知识，在听过别人的讲话之后，可以迅速地重复出来。不管是谁，只要是把自己的名字告诉他，他都能很清楚地记住。

刚刚开始的时候，大家不确定他有没有攻击性，所以，大家把他放到了医护室中，然后让那里的人教他怎么行走以及怎么讲话。

在这里，那些人就跟佣人看顾儿童一样看顾着这个年轻人。不过，这个年轻人并不害怕生人。过了一个半月，纽伦堡的人们一致同意，让他成为全市的一员，然后把他的养育权给了达木尔。

作为一个研究人员，达木尔很乐意做这件事情，从此之后，一场使这个年轻人达到 17 岁智力水平的训练开始了。当然，这个训练的过程是很不容易的。在经过了详细的了解之后，达木尔知道了这个年轻人以前的生存方法。

事实上，这个年轻人一开始就不了解自己叫什么名字，不了解自己原来在哪里住。在他的记忆中，他一直住在山洞中，那个山洞很小也很低，所以进去之后，他仅仅可以坐着或者躺着。

在那里，他没有接触到任何的声响，也没有接触到任何的光亮。在山洞中的时候，这个年轻人能做的就是一直睡下去。在年轻人清醒的时候，能发现有面包和清水。

不过，有的情况下，水不好喝，还有一种难闻的味道，在吃饱之后，他做的事情就是接着睡。年轻人一直都不知道，是谁给他送的东西。

到了后来，有人把他抱离了那里，接着让他能够像人一样走路。这个年轻人在纽伦堡生活了很久，一直不能闻到肉以及奶的气味，因为这些会让他很不舒服。实际情况是，他依旧只是吃以前一直吃的东西，除了这些，他不接受其他任何食物。

在经过了4个月的共同生活之后，达木尔观察到，这个年轻人所有的器官感知能力都非常好，他的视力很发达，不仅可以看得很远，在晚上的时候甚至也能看清楚。

不过，这个年轻人看物品的时候都是平面的，他不知道画在纸上的东西跟实际存在的东西有什么不一样，在这几个月中，他也估算不出来建筑跟建筑之间相距有多远。

在这个年轻人的眼中，球的运动是由于球本身的作用，他不知道那些动物和人有哪些不同，还有就是在吃饭的时候，他表现得非常不好。

这个年轻人灵敏的嗅觉让他非常难受，穿的衣服上那些化学物质以及做饭时候用的调料，他都忍受不了。当然，还有一点，这个年轻人能够用嗅觉来判断是什么植物。

又过了3个月，这个年轻人学会了怎么使用自己的身体和器官，所以，达木尔开始了另外的训练。达木尔训练他进行写字，告诉他可以用他喜欢的任何方式进行手部的训练，例如可以用手挖土等。

在随后将近一年的时间中，这个年轻人跟达木尔一起生活得很开心而且很简单。尽管说，这个年轻人一如既往地很温顺，就跟儿童似的让人怜爱，不过，达木尔说过，这个年轻人那些异常发达的感知能力慢慢恢复正常了。

我举这个例子是想解释，**假如没有外界的一些阻碍或者是支持，与生俱来的天赋会对儿童有很重要的帮助**。这个是可以找到具体的理据支撑的，所以说我们可以相信这个观点。

过了很长的一段时间，霍斯重新回到了人们的视线中，这个年轻人非常聪明，也非常的敏捷，他的个性也很温顺。

不过，这个训练我们没有办法再做一次，就算是这个训练是确确实实进行过的。而且，我们没有办法找到类似的训练，证明霍斯的训练如何有效。

在霍斯刚刚在纽伦堡生活的时候，他在一些事情上的表现就好像是一个刚刚可以自主行动的孩子。他不明白各种图形的区别，也不明白立体和平面的区别，更不知道怎么判断距离。更甚的是，霍斯还不知道怎么辨别温度。

总的来讲，这个年轻人不懂生活中的所有事情。但是，从其他方面看，霍斯的智力水平、感知水平以及对事物的记忆能力甚至他的性格都达到了两岁儿童的程度。

霍斯的事迹以及我们发展历程中所看到的结论让我们知道了，我们不用刻意培养孩子的天性或者是感知能力，这些是人类与生俱来的本能，我们不用进行干涉。

不过，我们能够想到这一点，就算是没有任何帮助，我们仅仅让儿童按照自己的天赋进行发挥，他们也可以做出让我们吃惊的事情。

不过有件事让我们觉得很失望，我们总会做一些事情妨碍儿童的这种天性。不仅仅是家长和教师，大自然也具备教导儿童的一些能力。

我们从这个仅有的例证中看到，在自然当中，儿童具备的天赋，如强大的感知能力、高超的智力水平以及很强的塑造能力，在儿童成为大人之后才会慢慢消失。

我们很容易看到，儿童具备了全部的能够让他们自由成长的力量，我们不用为儿童的成长过度操心。不过，这个时候，我们能做的事情有哪些呢？

在以后的某一天我们会领悟到，在我们把儿童各种天赋的挖掘都交给教师来做的时候，教育就变成了对于儿童精神世界的教育，或者我们可以说是低级生活技能的教育更准确一点，原因是在进行沟通的时候，必不可少的是智力。

我们要给儿童建造出最适合他们成长沟通的环境，这个才是我们一定要做到的工作。

» 让孩子通过直接的体验与外界建立联系

我们知道了怎么做才能形成良好的习惯，也知道了怎么做才可以让孩子从困难中走出来。现在我们不会再从什么派系当中寻找答案了。

这个时候，是对一些课进行详细的探究，还是简单地多了解一些其他的知识，都不在我们考虑的范围中了。

大人们在想怎么帮助孩子建立关系的时候，我这里用梯子做一下比喻，这个时候，大部分的人都选择了最靠近地面的那一段木头。

换句话说，就是要跟我们的情感、快乐、关系以及我们学到的东西进行某种特殊的关联，我们才会降生到这个社会中。

在这个社会中，我们看到了很多动物，有圣佛朗西斯口中的跟大哥一样的山峰以及跟小弟一样的蚂蚁，那些挂在天上的星星也是自己的家人。

这些美好的生活片段都是因为我们跟这个社会确定了某种关联，不过这个关联到底是什么，我们真的都不清楚。所以说，在这里，我们要深入地探究一下这件事情。

打个比方，我们让一个男孩在同一个时间进行两个课程或者两个以上的训练，这个男孩往往会分不清，到底哪个课程讲的哪些东西。

在我们询问他在学习时，哪些功课能考取满分，哪些功课学起来不费劲时，他一般会说那些涉及范围小的课程最容易学习。

儿童在学习书本知识时，虽然说他听老师讲课，进行标记，看了课件，还能在刚刚学习完的时候讲述一种现象发生的始末，不过，这个孩子却从来没有亲身去感受过这个现象，他跟大自然没有一点关联。

下面，我会讲一下，在我看来，什么方法才是让孩子确立某种关联最好的一种。

对事物进行辨别，是确立某种关联最开始要做的事情，这个也是父母一定要了解的。

我们在审视儿童的学习成果的时候，不仅仅需要关注儿童在读书、写字以及计算方面的能力有没有提高，还要观察一下儿童认识了多少

动物和植物，能够知道多少动植物的名称，是不是知道它们是从哪里来的。

我认识一个刚刚 6 岁的儿童，他可以不加思考地把那些植物什么时候长出嫩芽按照一定的时间进行排列；他能辨别出围栏、草原以及丛林的区别，甚至他会知道用什么样的方法可以找到什么样的植物；在他的想法中，所有的花朵都要维持自己的呼吸，所以我们不能把花摘掉。

这个儿童会和伙伴一起观察和欣赏各种花朵，他可以知道在哪个时间段里他能看到红尾鸲；他觉得蜻蜓很可爱；他还喜欢仔细观察那些水晶，尽管他看到的也许不是水晶，不过他可以知道石头之间有哪些不一样，也能讲出不同的矿体的晶体是什么样子的。

儿童欣赏美的能力跟儿童进行辨别的能力是联系在一起的。在提高儿童欣赏能力的同时，那些有智慧的母亲会变得非常的小心。

虽然儿童在婴幼儿的时候，就努力想用笔把那些长得好看的颜色鲜艳的花记录下来，不过母亲在这之前，会让儿童在适当的范围仔细观看一下樱桃树，或者是让他们仔细观看柳树上飘落的那些柳絮。

在那些有图案的屏风上，儿童也可以重点进行欣赏，母亲会让儿童知道，画在上面的事物也是美丽的事物。

当儿童采摘到真的樱花，抓到真的柳絮的时候，他们会把这些跟图画上的进行对比，这个时候，儿童可以清楚地知道实物跟图画之间的不同。

可以说，儿童在非常小的时候就可以知道，图画跟具体的物品是不一样的，不过图画对于他们来讲，是更让他们感到兴奋的一门课程。

儿童一天一天长大了，在他们身边显而易见的东西都被装到了他们的脑海中，成为了他们吸取到的知识，这个时候，我们把儿童得到的知识称为学识。

儿童可以观察到玫瑰跟苹果的花朵差不多；莲花和杜鹃花也相似。

只要我们给一点点的提示，儿童就可以在观察中准确说出不同花朵之间相同的地方在哪里，那些属于一个属种的植物就深深地刻在了儿童的大脑中。

儿童在这个过程中是自己吸取知识的，这些都是非常准确的且没有瑕疵的知识。我们从这个层面上进行考虑，儿童在这个时候就变成了像林奈那样的研究植物的专家。

儿童一直很开心地吸取各种知识，一旦他们懂得欣赏周围的事物，那么在他们垂暮之年时，只要想起以前那些快乐的事情，就会明白那些知识与课本和考试几乎没有关联，儿童在直接获取知识的时候，很容易就记忆下来。

事实上，我们在教导儿童进行艺术赏析的时候，也会出现一样的情况。

不过，现实生活中，儿童如果是在成人的协助下进行世界的观察，在他们赏析一幅图画的时候，他们往往会找图画中的各种缺点，而不是欣赏图画的美好。

儿童是依靠下面的方法确定某种新的关联的。

有次，一个刚刚接触划船的女孩告诉我，她在划船的时候，有的时候动作幅度太大，有的时候动作幅度太小。在下次的时候，她做得就熟练多了。

这个时候，当旁边的人询问她是怎么懂得控制自己的力道时，她的回答是："水是有知觉的，我在划的时候很费力，有几次我差点没有控制住力道，从座位上掉进水中。"

尽管我们会觉得这个女孩说的答案不是我们想要的，但是她在划船的过程中直接获得了一些知识，接下来，这个女孩可以很容易并且迅速地知道为什么会出现这样的情况。

跟在书上的解释相比，这个女孩的学习方式简直是非常棒的，书上会告诉你，因为水分子不具备相互的吸力，所以在有物体进行分离

的时候，就会分开。

我觉得，我们之所以进行教学活动，就是要让儿童找到一种适宜于自身成长的关联，然后我们协助他们了解并且明白怎么去确立这种关联。

所以说，我们可以做的最重要的事情，就是要让儿童确立一种关于思想品德和知识两者之间的关联。只要儿童拥有了这样的想法，我们就可以观察到，上面我说的那些很微小的事情对于儿童的启发，比天天让他们做一些测试更有效果。

» 在保证方向正确的前提下，让孩子自由发展

关于我们的视力和我们的肌肉的练习，在前面的时候都详细解释过了，我们现在就强调一个方面，那就是让儿童在很容易做到的动作中找到欢乐，这种欢乐可以支配儿童的全部活动，就像是一个喜欢骑马的人在骑马的时候拥有的那种快乐。

在平常的时候，孩子做的一些活动主要有舞蹈，或者广播体操，或者是一些适宜他们的简单的活动。在瑞典，训练士兵的那些方法很有效果，同样，这些方法也可以用来训练儿童。

一些品德会在不断的训练中、持续的观察中、快速的对答中发挥自己的影响力。不过，也可能会有下面的事情：在这个练习中，那些原本很优秀的儿童在体能训练中没有达到要求，没有完成训练。

在进行训练的时候，要让儿童养成良好的习惯做这些活动。可以把训练的场地换成跟玩游戏一样的布置，比方说：让玛丽假扮一个要去买东西的女人；让哈瑞假扮一个指路的男孩等。

可以让儿童按照一定的队列模式行走，让他们做转向训练，或者是让他们按照军队上的姿势进行站立。

这个时候，所有的儿童都可以出色地完成这个训练，他们还会自创一些没有的训练内容，在其他人对他们的动作进行规范的时候，他们会欣然接受。不过，这样的练习也应当早早就开始。

我们要支持儿童向着身体灵活的方向发展，然后让儿童把自己完成训练看成是一件光荣的事情，我们要尽可能地阻止儿童脚步太重，动作不到位等情况的出现。

在儿童成长的过程中，我们要重视对儿童听力以及发声的锻炼。我们要让儿童反复练习，直到把要求的音节清楚地念出来。

先从元音开始，然后到辅音；我们要尽可能地让他们有正确的发声，注意不能让儿童把“十”念成“四”。我们还要对这些儿童进行规范的较困难一点的练习，另外我们要不断训练他们的听力水平。

在我们训练之后，他们应该把单词中所有的元音的发声都清晰地念出来，不能有辅音的发声。那些教法语的人很厉害，他们会不断对听力和发声进行训练。

在进行音乐练习的时候，那些我们觉得是从上一代传承下来的对音乐的欣赏水平，不知道是不是在一直进行音乐训练的时候出现的，也不知道是不是儿童在跟那些有欣赏水平的大师们的交流中无意识中获得的。

在哈勒看来，儿童一定要练习歌唱，原因是在进行歌唱的时候，就是我们对儿童能力训练的时候，虽然说也会有上一代遗传下来的能力。

不过让我们觉得失望的是，大部分儿童在这个练习中没有养成良好的习惯，比方说，那些儿童都没有接受过发声以及辨声练习，没有接受过打拍子的练习，更没有人教导过他们怎么辨别音符以及音调。

对上面的事情做一个总结，假如说母亲可以让儿童自主活动，没有下达过任何的指令，没有让儿童遵循她的指令进行各种活动，那么这些儿童形成的就是好的习惯。

假如说，母亲帮助儿童确立了正确的方向，没有走上错误的道路，这个时候就放任儿童自主发育吧。

一个园艺工作者一定要认真仔细地照顾自己种的桃树，他会给桃

树提供肥料，会把多余的枝条剪掉，不过他做的这些只是桃树生长时较少的需求而已。

其他的时候，桃树需要充足的氧气，需要温暖的阳光，需要充足的雨水，这些都是帮助它成长的最关键的东西，到了适当的时候，桃树就会长出桃子。

不过，假如说这个园艺工作者没有做好自己的工作，那么最后得到的就不是桃子了，而是又小又涩的果子。

第五章　教育的核心：培养孩子的好习惯

» 了解习惯的成因

可以这样说，就好比是火车轨道跟火车的特殊联系一样，习惯跟生活也是相同的，这样的联系给予了我们很多启示，并且有很重要的作用。

火车轨道的主要作用就是让火车安全地行进，努力让火车变得稳当，这个作用跟习惯对孩子的作用是一样的。

我们遵照之前的惯用模式进行教育，孩子就能开心简单地生活，不过假如我们不按照这个模式进行了，那么就会有很多的阻碍以及痛苦。

换句话说，在父母眼中，给孩子创造一个正确的没有障碍的轨道就是他们的一个承诺，这个不能违背，必须要仔细认真地对待。父母一定要努力思考，什么样的轨道才可以让儿童简单快乐地走下去，并且让他们吸取到更多的知识。

在选择的这个轨道中，把这条路上的所有阻碍都扫除干净，然后让儿童在这个轨道上高速运行，也不需要管怎么面对之后的岔路。

假设一个行为一直重复地、不停地做上 20 或者是 40 遍的时候，就会变成一个无意识下就能直接做出来的行为。在这之后，就会变为习惯，可以储存在我们的记忆当中，变成我们没有办法甩掉的第二个与生俱来的东西。

经过不断的重复，在过了很久之后，习惯就可以爆发出更强烈的

能量，假如这个时候我们要完全改掉这个习惯，那么我们就需要很大的努力了。

假如真的跟上面讲的一样，我们就可以让孩子建立某些习惯。比方说工作、讲话还有思维模式以及感知的习惯，这个时候儿童就可以通过一系列的习惯得到自己渴望的事物了。

不过假如我们真的这么做了，是不是妨碍了儿童的自主发育，让儿童成为了一种拥有固定模式的机器，一种可以按照既定的模式进行操作的机器呢?

更重要的一点，儿童几乎全部的生活都要依赖于习惯，不管我们是不是想要让儿童拥有一定的习惯。

父母能做的，就是让儿童可以在自己设计的轨道中进行活动，不过慢慢地他们会在习惯的支配下进行工作，这个时候，父母就没有任何的作用了。

人类都是在习惯的支配下进行活动的。在提倡的生活中，往往会有很多很轻松并且常常做的事情，比方说我们可以按照惯用的方法去思考，讲一些常常会讲的话，然后在一些熟悉的地方行走，这个不用依靠自己的毅力进行支配，这个完全是无意识的活动。

不过，反过来讲，假如说我们对怎么摆放洗漱用品或者是怎么摆放桌子，都要很认真地想半天的话，我们的生活就没有任何的乐趣了。

假如我们一直不停地进行思索，不仅仅是我们的身体，连我们的心理都会觉得非常的累。不过幸好，在日常的生活中，我们不用过得这么累，这个是让我们开心的一件事情。

大部分的时候，在我们进行一些活动或者是想一些事情的时候，不用费劲地想要怎么做。往往在很着急的事情上我们会被逼迫着做出自己的选择，这个常常会发生在儿童的身上，有的时候大人也能碰到这种情况。

我们不可以也不用让这种情况远离儿童。这个时候，我们需要干的事情就是协助儿童形成遵守纪律、具备良好品德的习惯，尽量不让儿童走上一条困难的、阻碍多的生命之路。

就算是有的时候我们需要依靠自己的毅力来进行选择，习惯也总是会过来影响我们的选择，甚至是在非常紧急的时候，在我们意想不到的艰难以及好处面前，我们要靠自己的毅力进行选择，不过这个时候，我们的选择还是会多多少少有习惯的影子。

在一个男孩养成了读书的习惯，并且在阅读时寻找到知识和快乐之后，他就不会受到那些懒惰不努力的孩子的影响；在一个胆子不大的女孩经过严厉的教导，得知不能撒谎之后，这个女孩不会因为避免与别人争论就撒谎，尽管她很胆小。

不过在我们的习惯中，是不是就依靠之前的经验对孩子进行教育呢？我们看到，有的时候儿童在不断地重复一个行为之后，他们会觉得这个就是自己与生俱来的一种动作。

我们在这种时候，可以将这样的想法作为我们进行教育的一种选择，但是当我们知道了到底是什么样的力量，可以让习惯有这么大的影响力的时候，我们一定要用准确的方式以及理念帮助孩子养成良好的习惯。

后来，我研究了卡品特的成果，在这里，我找到了自己想要的答案。在他写的《大脑生理学》这本书里，他说在大脑以及身躯的运动之间有差不多的关联性，为了证明这点，他还把大脑和身躯之间的一些事情进行对比，顺便把事情的结果也进行了对比。

换句话讲，卡品特这一派的人最杰出的理论就是对于组织的研究，比方说我们的肌肉，就在不停地进行细胞内的循环。

实际上，我们有很多看起来很平常的肌肉活动，也是因为我们进行了细心的教导，例如说孩子可以垂直站着以及正常行走。

当然，我们也有许多是因为我们的感知能力才拥有的活动，例如书写以及舞蹈，不过这些也是在细心的教授下才会获得的。

我们拥有的这些活动方式怎么可以变得就像是我们身体中的一部分一样，那么简单和自然呢？

原因是我们学到的本来就是一种规则，那些一直在发育的细胞就要按照这样的规则进行完善。

假如大脑向我们的细胞不断传达我们要做的一些事情，然后依靠神经的力量进行约束，在那些层次比较低的器官当中，就会成为一种自觉的活动。这种自觉的活动形成于那些低层次的神经中的时候，大脑没有把外面环境中的一些事情反映到我们的机体中。

因此，当儿童在用笔进行书写的时候，他们的机体很容易就习惯了这种活动。不过，关键的是，这个是儿童的机体在进行作用，并不是依靠大脑的力量进行的活动，那些经过分裂形成的新细胞组织根据这种习惯向旧的肌肉组织进行靠拢。

以上这些就能够很详细地说明这个原因，那些拥有着高超技艺的杂技演员所能表演的东西，对于那些没有接触过杂技的群众来说，是无法做到的。

不过，这个不是因为群众的机体不具备这样的力量，只是他们不像杂技演员那样，一直进行反复练习，然后这种机体运动就变成了一种习惯。

不过所有的机体运动孩子都需要进行训练。因为所有的机体运动都会用到我们的肌肉组织，孩子在很小的时候就要进行相应的练习，这个也就变成了孩子从小进行跳舞、游泳等训练的一个依据了。

事实上，**我们的机体不只可以习惯一项新的活动，还可以根据自身的需要进行一定的变化。**

儿童时期是孩子进行机体运动以及身体成长的最重要的阶段。不过，在儿童的机体按照一定的习惯进行运动的时候，他会很快学会新的游戏，创造出新的运动模式，并且不用耗费过多的精力。

在我们教导一个不识字的农民进行书写的时候，我们观察到，尽管他耗费了大部分的精力，但是也不能学会怎么写字，原因是他的机体做不到需要做的动作。

这个时候，最值得我们关注的是，孩子日常的活动以及孩子大脑的运动等。孩子的习惯会在不经意的时候就产生了。

不过孩子有着很多不好的习惯，例如说好动、驼背、讲话不清楚等，这些不好的习惯变成了成人开玩笑的谈资，“等到长大就没事了”。

不过儿童在不断的生长与成熟中，都在进行一系列的活动，那些不好的习惯也会在之后的成长中遗留下一些印记。

我们的神经有着自己独特的思维模式，这些变成一些固定的习惯，假如说我们要改变这种习惯，那么我们就要把所有的涉及的神经重新分配工作，这个时候，那些神经就会变得混杂不清。

比方说，假如我们想把讲话的时候那些不好的习惯消除，让儿童说话变得更清晰，不过这个还不是最重要的，只有他们想要自己进行转变的时候，他们在自己的奋斗中形成好的习惯，那些控制着讲话的神经进行重组的时候，他们才会变得讲话清楚。

在我们的机体中，我们的品德以及智商中所形成的那些习惯也会影响着我们的行为。我们都知道，我们所有的器官都能够按照自己的模式进行相应的活动。

举个例子，我们可以看到，假如儿童很喜欢一条腿进行站立，那么肩膀就变得不平衡，在经过了一段时间之后，他的脊椎就会变形。假如他不改变这种习惯，这种不平衡会挤压他的胸部，让那里变得窄小，而且肺部也不健康。

这就是不好的习惯对身体不好的作用，我们能清楚地看到它们之间是有一定的联系的。

还有一些其他不好的习惯，即使和身体的运动没有直接关联，也会影响我们的身体健康。

例如说，有办事冲动、喜欢撒谎以及做事没有条理的习惯等，都会影响身体的健康。就是因为会影响我们的身体健康，所以我们才会讲习惯对于人类的作用是很大的。

这个时候我们回想一下大脑，大脑可以进行理性的思维，可以进

行感知，可以释放各种情感，这些无一不证明了我们的大脑是很复杂很精巧的一个器官，大脑也能够根据自己的工作不断进行调整，不过这点我们也不用感到惊奇。

我们想要用更好的办法处理事情，这个就好比是我们平常的思考模式都在大脑中进行储存，我们的想法就是在这些储存的记忆中寻找方向，然后进行工作的，假使我们没有进行储存，那么我们就只好单纯地依靠毅力进行工作了。

掌管一个家的女人明白，自己的想法一定要遵循着既定的道路进行工作。所有的这些想法包括：准备明天的晚饭，准备要过冬的衣服，关心屋子以及杂物间的打扫等。

简单地说，我们的想法回到了之前一直行走的轨道上，因为走的次数多了，所以我们对这个轨道非常清楚。

就像母亲跟儿童之间，绘画的人跟图画之间，写诗的人跟作品之间一样，他们都因为各自的事情进行不同的思考。

假如我们没有在这条轨道上碰到不能解决的、非常困难的事情，那么我们的想法就会一直按照这个轨道前进，至于身边别的轨道，没有进入到我们的思考范围之内。就算是最后我们的想法变得不现实了，也只是由于我们不能对自己的想法进行控制了，才会脱离现在的道路。

事实上，一直改变我们大脑中神经运行的轨道，就让我们变成了不同于正常人生活在社会中，这一理论适用于全部的人类。

当我们出现愤怒、憎恨以及自大等一系列的情绪，或者是我们投入很大的力气想要创造一件新的事物，又或者是发现一种新的理论，对于我们来讲，出现这些情况的时候我们没有办法阻止，这就会让我们的大脑在运作的时候处在崩溃的边缘。

我们身体中产生的所有的情绪，比如说喜欢和憎恨等，我们在日常生活中所有的行为，这些都是依靠大脑的指挥，然后在身体的部分器官的努力下才能做到的。

我们的身体长期处在了透支的状态，事实上，做每一件工作的时候，最终把工作做出来依赖的是我们的上肢以及下肢。

所以说，支撑大脑进行运作的，是我们人体当中吸收到的几乎所有的养料，只有这样，我们才能把破裂的轨道进行重组。

我们也可以进行观察，在我们进行重组和完善的过程中，我们差不多损耗了人体当中五分之一的血液以及六分之一的养料，换句话说，我们的大脑才处于不断的完善中，并且完善所用的时间非常短暂。

也许有人会问了，到底要经过多长的时间，孩子的大脑可以完善成跟之前没有一点联系了呢?

在对那些原来的系统进行完善的时候，不同的部分之间也会存在着差异。我们的肌肉要在不断的完善当中完成各个新的活动。

所以说我们的大脑在不断的完善当中，也要按照新的理论进行思考。这个时候我们讲的思考，就是对我们的思维模式以及精神世界的思考。

曾经有专家讲过这样一句话，假如人类惯用的进行思考的方式有了转变，那么他的大脑也一定发生了转变。

这里，我们也可以引用卡品特的说法："在大脑运作的过程中，它会把那些反复用到的东西按照一定的顺序排列起来，并且形成一个模式。"

所以，在外在的条件没有发生转变的时候，我们之间习惯用的思考方式，我们惯用的感情以及我们通常会做的事情都对现在的工作有一定的影响，这个时候，我们不用费劲地思考想要达到什么目标，只要按照习惯前进就可以了。

所以说，所有的器官都会按照自己惯用的方法进行完善，那么人脑也只能会是这样。我们的神经在不断地转变轨道的过程中，才可以发挥出应有的作用，这个时候，进行重组的渴望就会特别明显了。

所以说，不用怀疑，我们惯用的思考模式以及感知方式都会让大

脑的工作发生转变，在这个作用下，到了之后的某个时间，一旦碰到一个类似的提示点，就能让我们的大脑处于渴望工作的状态，这个跟之前出现过的是相似的。

下面，我们总结一下赫胥黎的一些想法，他觉得，我们依靠大脑的力量，会拥有一直进行某种活动的直接反射，也就是说，我们在做这个事情最开始的那几次，还是要用到自身的毅力进行控制和约束的。

但是，在我们不断地做这个活动的时候，这个行为就成为我们身体与生俱来的一个组成部分，当我们在不经意的时候，也不用我们进行思考，我们就可以完成这个活动。

赫胥黎还讲过一个故事："大家都知道，一个当兵的人要想拥有特殊的机能就必须长时间进行训练，也要一直提高专注力，才能完成所有的指令。"

"不过，不久不后，等到指令下达的一瞬间，当兵的人在无意识的情况下就可以完成这个指令了。"

在这里还有一个例证，我不确定它的真实性，不过我觉得我们可以从中受到启发。

有一个喜欢捉弄别人并且熟知整个训练的人，发现一个经过长时间训练的当兵的人提着晚饭回家。于是，他大声说了一句"立正"。这个时候，当兵的人听到指令，立马做出这个动作，不过手上的晚饭却掉到了地上。

这说明训练有很大的作用，这个时候，这种训练已经变成了当兵的人身体中的一个组成部分。

既然我们的神经组织有这样的功能，那么我们进行新的教育就有了希望。我们先对儿童进行一些训练，然后让这些训练慢慢成为儿童不经意间就能完成的训练，之后，当再次看到这种训练的时候，儿童就会无条件进行反射活动，然后直接进行活动了。

不过，我要再强调一点，如果我们的大脑兼顾着两个活动的状态，并且它们会按照一定的规律一起或者是一前一后地发生作用，这个时

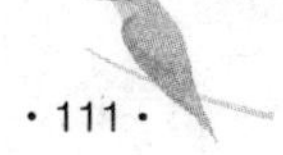

候，假如说有一种状态发挥了作用，那么另外一种状态也会发挥作用，这个不由得我们需要不需要。

那些有智慧的人的做法是根据这些状态发挥作用的规律，找到这些状态之间固有的关联；我们对孩子进行品德方面的教导也是想要让孩子明白不好的做法会让他们觉得难受和耻辱，好的做法会让孩子觉得幸福以及自豪。

对于教育工作者来讲，**让我们的大脑状态跟日常的生活建立某种关联，是教育儿童最快也是最有效的方式，**现在大部分的学校都在使用这个方法，这个时候儿童就会拥有差不多成熟的习惯了。

假如说我们有一个很想让大脑按照这个方式进行思考的倾向，然后在这个基础上不断进行思考，那么我们的这个倾向就成为了大脑中所有记忆路径中记得最深的，也是最常用到的一条。

假如出现了突发的事情，大脑在选择方向的时候会优先选择这个方向，因为这个方向上的阻碍比较少。所以说，那些固定了的行为以及固定了的思考方式就成了一个没有多少阻碍的道路。

事实上，一些父母支持以及默许儿童做一些事情的时候，孩子的大脑也会有相应的转变。

孩子这个时候拥有的习惯会对之后的成长起很大的作用，原因是孩子的大脑中形成了一些习惯，就一直会存在于大脑中，当有其他的习惯形成的时候，这个习惯才会消失。

下面，我们用一个很浅显但是容易理解的方式做一个解释："没事儿的，等到成人之后就不会这样了，等长大了，他就明白了……孩子太小了，我们不能苛求他。"

类似的话我们经常会听到。事实上，父母每时每刻都会对儿童的习惯起着无意识的作用，这个时候养成的习惯会在孩子长大之后发挥重要的、关键的作用，并且比其他的习惯都要强大。

下面，我们讲一下外部环境对儿童习惯的作用。最初的时候，大

部分的人都重复做着同样的事情，等到我们一直反复地做这件事情的时候，我们所拥有的就是一种习惯。

在我们身上，要想改变一种习惯其实不难，所以对儿童来讲，转变一种习惯是家常便饭，这个也正是我们教育路上碰到的最大的阻碍。

在保姆或者玩伴那里受到的影响都会让儿童形成不好的习惯，这个时候就要求母亲尽心看顾儿童，在坏习惯还没有养成的时候就扼杀它。

我们都非常明白，假如我们不想思考会带来非常严重的后果，同时我们也会觉得非常难受，这个时候，我们会没有精神，也不喜欢更不想做别的工作。

在教育当中，所有的不好的习惯都是很重要的，其中懒惰没有精神就是最关键的一点。

之前我们讨论过，我们最不喜欢也最不好做的工作就是选择，怎么决定要不要做一件事情，或者需不需要不做其他的事情让人非常的崩溃。

假如说我们不善于思考，而且做选择的时候拿不定主意，那么就会养成整天无所事事的坏习惯，这种情况我们经常会碰到。

不过怎么做才能让儿童改掉这个坏习惯呢？让这个习惯随着孩子的成长自己消失吗？在成人之后，就真的可以改掉这个坏习惯了吗？这样做肯定是没有用的。

那么对拥有这个习惯的孩子进行惩罚吗？这样做也没有用处。拥有这个坏习惯的儿童非常相信上帝。这类的儿童常常讲："没有办法转变，那么就按照原来的路走下去吧。"这个时候，这类儿童就算是不喜欢这种习惯，也不想做一些努力改掉这个习惯。

要不我们用物质的方式鼓励儿童改掉这个习惯？这样做依然没有作用。我们为了让孩子改掉习惯而给予的物质鼓励，在儿童看来，就是对他进行的惩罚。

儿童很明白，所有的鼓励都是在进行完处罚之后得到的，所以对于这类儿童来说，要这个鼓励就要接受对自己的处罚。

假如说用鼓励、处罚或者是让儿童成长的方式都无法克服这个习惯，那我们还能选择什么样的方式来克服这个习惯呢？

研究教育的专家想出了一个非常有效的办法："用一种其他的习惯代替这种不好的习惯。"

培养跟懒惰没有精神相反的习惯，就可以代替之前不好的习惯，然后让这种不好的习惯消失在儿童的身体中。

母亲需要做的就是有足够的耐性以及信心，然后花费比较久一点的时间一直协助儿童克服掉这个坏习惯，这个时候，母亲需要做到像看顾生病的儿童那样细心和温柔。

在这个过程中，母亲要用最明白的方式告诉儿童，他具备的这种不好的习惯会让他之后的成长过程中遇到很多的困难，所以一定要克服掉这个坏习惯。

不过这个时候的儿童都不具备强大的毅力，要想让儿童通过不断地努力克服掉这个不好的习惯，母亲要做的就是长时间待在儿童的身边，直到一种良好的习惯代替这种不好的习惯为止。

在儿童把所有的衣服都穿好然后要出门行走的时候，他会注意到自己鞋子上的鞋带，在他系鞋带的尝试过程中不想继续努力的时候，他忽然明白了一件事情，他抬起头看看自己的母亲，母亲正在用一种期盼的目光看着自己。

儿童感觉到这个目光是对自己的一种教导，这个时候，儿童看向另一个鞋子的鞋带，接着停顿了一下，不过马上就又低下头去开始自己系鞋带。

当不断重复这个动作的时候，儿童停下来的次数慢慢变少，时间也慢慢变短，他们对于自己能力的肯定却越来越强，他们的毅力变得越来越强。这个时候，迅速做完一件事情的习惯就养成了。

在儿童最开始做这个动作的时候，母亲没有过多地跟儿童进行交

谈，不过母亲那种期盼的目光却让儿童记忆犹新。

所有的能够让儿童进行思考的方法，都可以称作教导儿童最好的方式。我们要一点一点地进行教导。

“假如我不参与进来，你能独自在5分钟之内做好这些事情吗？”“当然可以。”“假如你办不到的话，不用回答这么快。”“我需要自己进行尝试。”

儿童选择了自己做，不过他们完成了这些事情。母亲认为自己终于省去了一些事情，但是母亲没有看到的是，儿童克服这种坏习惯，耗费了很多的精力，这一点母亲一定要认识到。

事实上，尽管在儿童的记忆中，他们习惯了懒惰地不耗费精力地做所有的事情，但是在用一段时间进行训练之后，那些好的习惯逐渐代替了旧的习惯变成了大脑中的记忆，这个时候，我们可以说训练成功了。

不过这个时候一定不能松懈，不然的话，刚刚克服掉的不好的习惯就重新占据了儿童的记忆，之前所有的训练都白做了。

我们现在了解了，养成一个良好的习惯要用一个多月的时间，但是我们要保证这种习惯成为身体当中的一部分，就要花费更多的时间，而且要具备更多的耐心。

在这里，我还是想强调一点，假如儿童出色地完成了一件事情，那么我们要进行适当的物质鼓励，可以让儿童进行自主活动，按照自己的意愿进行选择。

不要觉得这是我们给予他们的权利，事实上，儿童本身就拥有自主进行活动的权利。

养成一种良好的习惯也不是特别的困难，假如你付出了，那么你就会有收获，你克服的阻碍越多，就会有越多的收获。这就跟花一便士的钱可以收获一英镑的情况一样是有可能发生的。

习惯形成的过程就是一个快乐旅行的过程。一直反复做一件事情，不用付出额外的精力，那些没有钱的人会觉得这是一种享受。因此，当我们做一件工作已经可以用习惯来支配，不用耗费更多的精力的时候，就会觉得非常幸福。

母亲很容易做错事，原因是她们不明白关于习惯的事情。在一个儿童拥有了一种好的习惯的时候，儿童就会感到非常的开心，这种开心是发自内心的。

在儿童养成一种习惯之后，母亲的想法还停留在原来的地方，认为儿童使用这种习惯的时候，要耗费大量的精力，所以母亲习惯性地会给予儿童物质上的鼓励，这个时候儿童就可以放松一点了。

有的时候，母亲会觉得偶尔不按照这种好的习惯进行工作也没有关系，只要下次做的时候，继续坚持这种习惯就可以了。但是，她们没有考虑到下次做的时候，孩子需要付出同样的努力才能做到，并且还多了许多的阻碍。

在母亲默许儿童可以放松一会儿的时候，儿童就会养成一种跟好的习惯相对的坏习惯，儿童在以后的时候，只有把坏的习惯摒弃掉，他们才会回到好习惯支配活动的环境中。

实际上，母亲这些过多的同情心，会让儿童培养好习惯的道路变得更艰难。儿童往往都有依赖母亲的习惯，这个是与生俱来的，就好比是在刚刚出生的时候，孩子都喜欢吸吮母亲的乳头是一个道理。

举一个简单的例子，母亲想要让儿童培养出一种进出都关门的习惯，尽管在我们看来，这个是一个简单的事情，不过这充分体现了对别人的体贴。

这个时候，母亲一定要让自己具备有智慧、有敏捷度并且有耐性等一些品格，等到母亲做到的时候，她会看到，儿童也在向这些品格靠拢。

“约翰尼，”母亲温柔地、和蔼地对他说，“你一定要记得，出来进去的时候要把门关上。”

“但是，我不记得了。”

“我会告诉你的。”

“假如我进出很匆忙怎么办？”

“不管什么样的情况，都必须把门关上。”

“我们为什么要这么做呢？”

“假如我们没有关门就会让人有一种难受的感觉，会让人觉得没有受到重视。”

“假如说我马上就要走呢？”

“也要这么做，最多要走的时候再开门，你认为之后你会按照我说的做吗？”

“我尽量。”

之后的时间内，约翰尼有的时候没有关门，等开了门之后，他就飞快地跑出了屋子。这个时候，母亲并没有叫住他，也没有喊：“约翰尼，一定要关门。”原因是，母亲知道她这样做只会让约翰尼更反感。

母亲会很温柔地叫：“约翰尼。”

这个时候，约翰尼根本不记得要关上门，突然听到母亲喊自己，他不明白这是因为什么。于是他回到了房子的前面，看到自己的母亲依然在收拾家务。

母亲看了看约翰尼，又看了下敞开的门，讲：“我会告诉你的。”

这个时候，约翰尼害怕地说了一句：“我不记得了。”然后把门关上了。

这种情况重复了无数次。

但是约翰尼的记性真的不好，他的母亲采用了许多措施提示他。不过在母亲那里，她会特别注意两个事情，一个是约翰尼终于记得随手关门了，还有一个是绝对不会为了关门跟约翰尼争吵。

打个比方说，在20次进出的时候，约翰尼都会关上门，这就表明这个习惯已经形成了。约翰尼会无意识地把门关上，这个时候，母亲觉得很欣慰。

儿童做到了母亲要求的事情，这一点让母亲觉得非常的开心，不过同时她又非常心疼自己的孩子。“太辛苦他了！”母亲自己唠叨，“这本来没有什么的，不过他要一直记得做这件事情，这么小就要这么努力，太辛苦了。”

母亲会一直不停地想，是由于自己的原因让孩子这么可怜，不过她不明白的是，在约翰尼的心中，关门已经成了一种无意识的行动，他做的时候没有觉得辛苦，只是觉得这个是很小的一件事情。

在这个时候，到了习惯形成的时候了。有一次，约翰尼没有按照之前训练的习惯进行活动，他不记得关门了。

到了屋子外面，他想起自己没有关门，他觉得这样不好，不过这仅仅是一瞬间的事情，还不能让他有太多的想法，他犹豫了一下，但是没有返回去把门关上，他想母亲会不会提醒他啊。

母亲也发现了这个事情，不过母亲想到：“孩子太辛苦了，这么长的时间都关门了，偶尔一次就让他出去吧。”约翰尼发现母亲没有提醒他，他自己想，原来不关门也没事的，然后就出去玩了。

下一次的时候，他又没有把门关上，不过这次是故意的。母亲再次提醒他的时候，也没有那么严厉了。在约翰尼听来，母亲不想管他了，于是，他对母亲说：“我非常着急，下次再说吧。”然后就出去了。

母亲这次又没有管，放任他出去。等他再回到家的时候，又没有把门关上。

“约翰尼。”这次母亲有提示了。

“我马上就出门了。”等过了一会儿，他又跑了出去，依然不关门。

这个时候，因为母亲没有坚持到底，所以当时正在形成的习惯没有彻底养成。

我们看人们过得幸不幸福，好不好，要看一下在他的族群中有哪些风俗习惯。这些习惯分成了两类，一类是身体上的，一类是品德上的。

孩子只能够在外界的压力下养成同样的习惯。他们不会在自主意识下养成习惯，不过，外面的习惯会对他们的大脑有很大的影响力，慢慢地外面的习惯就成为了儿童的习惯，并且是最顽固的习惯。

» 教育可以消除影响习惯形成的因素

社会是在不断前进和发展的，一切都是与时俱进。祖先的尝试，也为后代的前进铺垫了道路。

人类在不断地进化和发展，很多人在考虑，一个人的习惯或者行为会不会遗传给自己的孩子。

实践向我们证明，这种习惯是不会遗传给孩子的，就像罪犯的孩子不会遗传犯罪头脑。孩子在刚刚来到这个世界的时候，都是一样的，都拥有一颗善良的内心和美好的心灵。他们并不会受到父母后天行为的遗传，遗传一般多数是一些先天性的基因。

所以，无论孩子的父母是善良或是罪恶，这个孩子都是纯真无邪的，都值得我们去关心和疼爱。

对于一个孩子来说，后天的教育远比遗传基因的影响要大得多。对于任何一个新生儿，我们都不应该抱着放弃的观点，每一个孩子都会因为你对他所进行的教育而发生质的转变。

所以，一定要对孩子进行科学的教育，通过教育改变孩子已经形成的习惯。对于习惯，很多人有自己的观点和看法。

习惯是人类长期的行为所产生的一种外在表现能力，很多习惯会让我们感到崩溃。习惯是否就是一种不可改变的行为呢？事实并非如此，习惯是可以通过自身的努力而发生改变的。

对于习惯，基本上是人类在短时间内形成的，在一种习惯形成之后，就会覆盖人类之前的行为习惯。这样的行为就使之前的习惯模式消失不见，但是，对于孩子来说，由于其自身习惯还只是刚刚形成，是可以通过对孩子的教导让孩子改变这种习惯模式的。

习惯进入人体的模式非常简单，其实仅仅就是将一种新的思想让大脑所熟知。当大脑可以非常清晰地了解这些内容之后，就会慢慢在自己的思想中存在这些意识，并逐渐控制自己的行为。在时间的不断增加之后，这就变成一种人类的习惯。

就这样，一个拥有自我意识的人，也就出现在这个世界上。很多人都说，要想彻底让一个人发生改变，就必须彻底让其转变。

但是，这几乎很难做到，要让一个人彻底转变，无疑就是让他再重新回到母亲的子宫中，再重新来到这个世界。对一张干净的白纸，再重新进行教育，这几乎没有任何可能性。

对于这些，是不可能的，不存在奇迹。我们可以非常清楚地了解一个人的发展，对于人类的发展，不管发生怎样的变化，都不能称之为奇迹。

因为这是正常自然规律引导之下的，并没有发生任何不可思议的事情。只有那些不合常理，不在自然规则预料之内的，才可以称之为奇迹。

对于每一个人的思想，都会因为自己的成长和接触事物的不同而发生变化。这是大自然赋予每一个人的能量，随着科学的不断进步，人类的思想也随着科学知识的增加而不断发生变化和提升。

在一个人的一生中，很多人都是因为接触的知识不同，而不断地在转变自己。他们每一次转变，都是对原有思想的摒弃，然后开始自己新的思想。这就是新思想所带给一个人的影响，它似乎已经让人发生一定的变化。

或者，想象一下一个人正在和另外一个人进行热恋，这个时候这两个人几乎都会发生变化。不管是其自身的认知，还是对责任的意识，都在因为对方的出现而发生根本性的变化。

人的转变几乎是一定会发生的事实，但是，每一次的变化，并不意味着都是好事。很多人都会在转变的过程中迷失自我，走上犯罪的道路。每一个人都会随着自己年龄的增长和视野的不断开阔而发生转变，这是不可逆转的，是上天赋予我们每一个人的能力。

一个人的转变是正常的自然现象，反而奇迹才是不合乎逻辑的现象，没有任何自然规律可循。

有时候在对一些神的认知上面，人类总是停留在一种非常狭小的

空间之中，这也让我们没有办法去提升自己的认知能力。

转变并不是一件非常容易的事情，需要付出非常多的努力，也需要我们在转变的过程中不断实现自我价值的提升。

对于所有事情，人类都有能力战胜，并不一定因为自己的父母是罪恶的，孩子就一定获得这样的遗传。

同时，任何人的恶习也不是伴随一辈子的，都会随着时间的推移以及自己知识的积累而不断发生变化。这就是人类现在所处的状态，并不是一个不变的状态，一切都会随着时间的推移而发生变化。

在转变的过程中，思想一直受到外界各种因素的影响和制约，也同时会因为外界事物的发展和变化转变自己的思维模式。

人类在自己的生存过程中，大脑会一直按照自己内心的追求去发展，比如人类对事业、金钱以及爱情的追求，都会在无形中进行，而自己的所有能力也将投入到这些追求的实践中。

人的思想也是如此，会因为现在一切的变化而产生不同，所有的一切都是如此。思想会让我们朝着这个方向和目标前进，这就要求我们尽自己最大的努力去实现这些事情。

思想可以最大限度地去激发一个人的能量，并且让一个人实现飞跃，这就是思想对一个人发挥的影响和促进作用。

一个思想已经没有任何激情，并且开始让自己一直落魄下去的人，是否还有可能发生变化？这是肯定的，这样的人也可以通过自己内心的思想赋予其一定的动力和激情，而发生巨大的转变。

一切的答案都是肯定的，只要可以给出充足的时间，这些事情是可以办到的。

这就要求我们赋予其思想的神圣性，并且让其去接受这些内容，可以从内心深处感受到这种能量，并且改变其本身的观念和意志，就可以从根本上使一个内心几乎已经死亡的人重新获得活力和希望，并且重新开始自己的人生。

只要一个人有生的希望，那么，生命就可以继续延续，并且开始自己新的追求和发展，这就是人生新的初始。

对于人类，无论是何种人，都会因为后天的一切而发生改变，人并不是一成不变的。任何人都会因为自己知识的增加或者接触事物的不同而发生转变，并且在转变的过程中实现自己的成长。

» 培养孩子的好习惯，越早越好

我们在学校教育中会有很多其他的教育，例如说让儿童保持卫生，遵守纪律，按时上课等等。

对于儿童来说，这些习惯就跟吸入氧气一样，能够自然成为身体的一部分。在这里我们就不解释了，儿童一定要保证干净整洁，所以他们待的地方都打扫得非常好。

当然，不想让儿童感染外面的细菌的话，就要用特殊的盆子洗澡，洗澡是每天必备的工作。那些受过教育的母亲都很重视儿童的培养，不过她们的孩子大部分的时候还是会跟着佣人。这个时候一定要更加谨慎，保证儿童身上没有异味，儿童的日常用品，也要保证干净整洁。

在儿童待的地方，要更换新鲜的空气，并且保证不能有任何的异味出现。有的佣人不喜欢更换新鲜空气，这一点必须要注意。

另外，他们不知道什么是异味，也没有办法掌握到房间内的气味好不好，所以这个时候，儿童会把气味当中的有害物质吸到自己的身体当中。

假如对于佣人来说，孩子就是他的一切，佣人谨记着这一点，那么对儿童的看顾就会变得更科学。

"婴儿无处不在"这句话告诉我们，孩子能够用眼睛看周围的环境，并且清楚地了解每一件事情的发展过程，到了最后，他们会形成对这个事情的记忆，然后成为身体中的一部分。

孩子可以把看到的东西在大脑中储存起来，这跟之后形成的习惯有着紧密的联系。对于佣人来讲，只要认同上面的那句话，就一定要

保证所有的物品都要洁净，当然这种洁净不仅仅是像洗过的围裙那种洁净，是由内至外的洁净。

那些表面上的洁净，并不是我们要求的洁净，每个佣人在起床后都会整理床铺，晚上会把儿童穿的衣服在他们睡前折叠整齐。

这些只是表面上的，我们要求的洁净，是要他们无论白天还是夜晚都要保证自己的工作质量。例如说，要常常把柜子里的衣物拿到阳光下进行杀菌，祛除上面的异味。给儿童准备的睡觉时用的被子，也要常常拿到阳光下进行晾晒。

在儿童活动的地方，那些桌子要跟吃饭的餐桌一样，不仅要漂亮，还要保证洁净。假如我们让儿童在非常脏的，并且没有洗的餐巾前面吃饭，或者说让儿童用残破的勺子喝汤，这个时候，儿童会觉得这是一种耻辱。

所以我们一定要让儿童养成清洁的习惯，要让他们知道一定要保持自己衣物的干净整洁。在儿童洗手的时候，假如手非常脏，儿童会觉得非常难受，他们不愿意看到这种情况出现。不过希望儿童在之后自主清洁的时候，也有这样的感受。

不过我们这里要说的不是就这样洁净地待着，孩子喜欢到处活动，假如不想让他们的衣物变得不干净，我们需要用一个围裙包住他们的衣物。

儿童都愿意跟那些没有钱的儿童一起在泥地里玩，他们不想要那些高贵的礼物，这种表现跟古代的王子是一样的。

只要儿童可以在玩爽了之后，自己将自己的手清洁好，那么我们就可以放任他们出去玩。在家庭教育当中，父母一定要让儿童明白，自己的耳朵要清洁好，不要留长指甲，不要有眼屎，在吃饭之前一定要先清洁手，清洁头发。

父母在儿童小的时候就要让他们学会用清洁的工具，要把他们培养成喜欢清洗身体，喜欢讲卫生的小朋友。

那些 5 岁左右的儿童在洗澡的时候，往往受不了香皂的刺激，假如我们不硬性要求他们洗澡，不帮助他们搓澡，他们一定不会认真清洁身体，虽然我们这么做不好，这也是大部分儿童排斥洗澡的原因。

另外，还要注意的是，在儿童看来，假如不是自己进行清洁的话，那么坚持每天清洁的习惯就没有办法形成了。

所以说，在儿童可以上小学之前，要让儿童形成每天都清洁身体的习惯，这个是很有效果的。

在对身体进行清洁的过程中，母亲可以趁机对儿童进行一些常规的教导以及练习，这样一来，儿童既可以养成天天清洁的好习惯，还可以变得谦逊。

在母亲看来，对儿童最好的也是最轻松的生存方式，就是让他们只接触那些美好的、轻松的事情。不过，现实当中，我们不能这样生活，所以这个时候，母亲要对儿童做适当的练习，让他们可以适应这个社会，可以更好地在这个世界上生存下去。

不过有的事情我们要避免触及到，不管是对儿童也好，还是对刚刚有了孩子的父母也好，都应该是这样。

在最初的时候，儿童不明白怎么对不喜欢的事情说“不”，所以在训练的时候，我们要让儿童明白这一点，我们不让他们说想说的话，做想做的事情，不让他们抚摸自己的身体，只有在洗澡的时候才可以。

所有的这些我们都是在大自然的规律中进行的，母亲常常会把自己的儿童当成自己身体的一部分，比方说心和肝等，但是这些我们都不清楚，大自然也不想让我们知道所有的事情活动的规律。

大自然把自己所有的一切都展示给我们，然后让我们按照自己的意愿进行建设，这就好比是神话中的那棵苹果树，是对人类进行试探的工具，大多数时候，只要我们没有遵照大自然的规律，那么大自然就会让我们经受自然灾害以及苦难。

做不能做的事情和没有按照既定的规律做事带来的罪恶感，就是

把好孩子与坏孩子进行区分的分割线。

不过这比不上荣誉对儿童的影响力，拥有荣誉，能够让我们不再做那些不好的事情，同时也会让我们有一种坚定的信仰，母亲常常会很真诚地依靠荣誉的力量影响儿童的成长。

母亲一定要时刻注意，不要让孩子走向错误的道路，她们要每天向上帝祈求，让儿童可以一直远离罪恶。

假如母亲没有时刻盯着孩子有没有走向错误的方向，那么儿童就有可能处于危险的境地。

我们也要想到，我们不想让儿童说的话，也可能让他们犯错。我们一定要让儿童在一个健康的环境中生活，这样才可以保证儿童向着正确的方向前进。

» 养成一种好习惯不容易，父母要有耐心

这个时候我要再强调一下父母对儿童教导的方式。我大胆讲一下我的看法，我心中对母亲有着很强烈的崇拜之情，我觉得，要是母亲对儿童的性格进行认真的观察，她们就可以拥有教导儿童的方式以及力量，这些是任何人都不能比的。

但是，这里还有一种更好的教学方式，这个不是依靠人类的直接感觉产生的，在这个教育方式的影响下，我们就可以按照自然法则进行一系列的训练了，自然法则是不可更改，必须遵循的法则，我们按照这个法则进行训练，会有很高的回报。

这个时候，我们用一个例证进行详细的说明，在之前我们解释了习惯是怎样影响我们的人生的。从这个事例中，我发现，我们关于习惯的认知是很有用处的，这个就相当于在我们的人生阅历当中增加了一个科学的方式。

从这之后，我们知道，就算是大人，也能在不断地奋斗中养成良好的习惯，这是一个让我们兴奋的事情。

不过，我们同时了解到一个让我们很难接受的事实，那就是，因

为我们的放松以及懒惰，我们养成的也许是不好的习惯。

最让我们欢喜的是习惯往往是在简单的日常生活中形成的。假如一开始的时候我们不知道会有什么样的结果发生，我们就不想耗费自己的精力做这件事，不过当我们使用习惯之后，我们做这件事情就可以有一个较好的结果了。

母亲只要帮助儿童形成很好的习惯，她们在之后对儿童的教导中就会变得简单和开心了。

假如母亲在儿童成长的过程中没有做任何事情，到了最后，她们会跟孩子产生一定的代沟，甚至还会经常跟孩子进行争吵，这个时候，母亲也会觉得自己很累。

这种情况下，母亲常常命令儿童，“这样做是对的”，儿童不听话，他们可能执意要做母亲反对的事情。

这个时候有人会问了：“习惯对儿童的生活有这么大的影响力，习惯可以让儿童简单快乐地成长，也可以让儿童的成长之路充满艰辛，母亲要一刻不停地把注意力放到儿童的习惯上，所以说，这样母亲肯定会很累。就没有一种方法可以让母亲跟儿童都过得简单快乐吗？”

我记得有这样一个故事，一个钟表中悬挂着一个脾气很急的钟摆，这个钟摆天天想赶紧把所有的工作任务一次性敲完，然后就可以休息了。不过，钟表还是慢慢地一圈一圈地转动着，总会有响声等着钟摆敲响。

这个故事告诉我们，在一个时间段内，母亲仅仅让儿童养成一个习惯就可以了，至于之前就有的那些习惯，保证它们按照正确的方向前进就可以了，不需要把过多的注意力放到上面。

假如母亲认为自己帮助儿童太累了，那就可以适当把儿童习惯的培养速度放慢一点。最初的时候，在母亲的指引下，儿童就拥有了20种左右的良好习惯。

当儿童拥有这些习惯之后，他们在之后的成长中会变得轻松许多。

假如母亲不确定自己对于儿童的帮助能不能持续下去，她们可以按照下面的方法对自己进行强化。

第一种，母亲可以让自己也形成跟儿童一样的习惯，然后再用自己的行为感染自己的孩子，这样也可以达到培养的效果，这种方式简单易懂，并且让人非常的开心。

还有一种，那种良好的可以成为儿童身体一部分的习惯大部分要依靠儿童用自己的感知力对家人进行感知，在对家人日常行为的感知下，加上自己的领悟，然后形成自己的习惯，这些都不依赖于母亲的帮助。

关于条理、规定以及整齐等表面上的习惯，之前我们详细讲过了。换句话说，我们生存的环境也在不断地起着作用。

不过，这些不是我们拥有的所有。那些礼仪、品格以及对别人的尊重等基本上是在良好的家庭教育中产生的。也就是说，这些良好的习惯是儿童在所成长的社会中获得的。

» 专注，最值得让孩子养成的习惯

这个时候，我们谈及的习惯就跟我们的智慧有关系了，这种习惯不是在观察家人的行为中形成的，而是依靠不断的练习才能获得。

最开始的时候，我们先说一下关于专注的习惯，也可以说是即使拥有了很高的智慧，也要依靠这些拥有智慧的人专注一事，这些智慧才能发挥作用。

这个时候，我们也要多听一些成功人士的看法，比方说医务工作者，专家等的看法，我们要从这些事情当中找到我们想要的规律性的东西，然后按照一定的条理做工作。

相反，那些没有上过学的人在面临一些困难的时候显得很无助，他们没有任何解决的办法。这个时候，我们观察这些人对事情的专注力，然后将这些人划分为不同的类型，当然这个划分是科学的。

这个时候，我们还要关注一下什么是专注，专注有什么样的作用。

我们的大脑一直不停地工作着，除了昏迷的时候。在其他的时候，我们的大脑中会不停闪过各种想法，无论是在我们睡觉的时候还是没有睡觉的时候，不管我们是有意识的还是无意识的，这些想法会一直在大脑中转动。

人类经常会把许多事情当成自己的责任，人类总是觉得自己就是所有想法的设计人员，人类控制着各种想法。在短短的几十年中，我们如何进行思考，就是我们在对大脑中不停转动的想法进行划分，这个是我们人生中主要做的事情。

我们做梦的时候，或者是在浅层睡眠中，我们的想法在大脑中不停闪过，一个接着一个。在大脑不能正常工作，或者是孩提时期以及老年时期，我们都可以观察到一个真理，那就是我们的想法是按照一定的规则进行转动的，但是这些想法具备自主意识。

假如我们想要让儿童对某件事情感兴趣，我们对他们讲玻璃如何来的，玻璃是做什么的，这些都毫无用处。

这个时候，儿童也许会跟你谈论灰姑娘的鞋子，那个也是玻璃做的，然后他会跟你说，他拥有一只小船或者是另外的事情。

我们想法的出现就像是一个听话的仆人那样进行着自己的工作，而不是像主人那样下达指令。有的时候我们会依靠这些想法想起以前发生的事情，也会看到以后要走的方向。

不过，想法是一系列的，有的时候我们不能想我们渴望的东西，我们能做的就是把这些想法统统储存起来，这个行为就跟白痴一样。

之所以可以认真地想事情，是因为我们有毅力。但是，只有当我们发育完善的时候，我们才能有那么大的毅力约束我们的想法，这个时候，儿童拥有的只是一些天生的个性，我们还不能说他们发育完善了。

不过我们怎么做，才可以让儿童不在学地理的时候想玩具，不在学法语的时候想玩偶呢？假如在房间里学习，孩子会很不想学，甚至会变得非常的消极。

比方说，在进行课堂学习的时候，儿童常常想一些没有用的事情，那些大脑中出现的各种不可思议的想法会让儿童偏离正常的轨道，每一个想法都按照不同的方向前进。

有一个女孩对自己的老师讲："史密斯老师，我想到了很多有意思的事情，这些事情不像课堂上讲的内容那么枯燥。"

这些对儿童有什么不好的地方呢？这些不好的地方就是：儿童把学习的时间用到空想上去了，这是最让人遗憾的事情。更重要的是，儿童长期这样下去，会对所有的事情都不专注，这个时候儿童大脑的运作就会跟不上其他儿童的速度。

怎么才能克服这个不好的习惯呢？我们要做的就是让儿童在很小的时候就形成专注的习惯，这样就不用专门训练儿童的毅力。

尽管说儿童在小的时候很善于感知周边的事物，但是他们对事物的专注程度不够，常常会出现这样的事情，这些儿童在尝试过一件玩具之后，会抛弃它转而去摆弄另外一件玩具。

不过，这个时期，我们也可以进行专注习惯的练习。假如这个时候，母亲将被抛弃的玩具重新拿回来，然后摆弄这个玩具，让儿童重新关注它，那么这个就可以当作对儿童专注习惯最初的练习了。

事实上，儿童都渴望自己可以仔细观察，可以用触觉对所有的事物进行感知，这个也是我们常常能看到的事情。

我们认真看看儿童是怎么对一个事物进行观察的，他们会左右不停地乱看，没有一个特定的观察物，就像是一只在百花当中不停穿梭的蝴蝶一样，什么都没有得到，并且很快就飞到了别的地方。

母亲的工作内容很简单，就是要让儿童在对事物进行观察的同时，把注意力放在一件事物上，并且要确保儿童的专注力保持一段时间，一直持续地看同一件事物，并在观察的过程中对这个事物进行深入地了解。

这里用一个例证进行说明。

玛格丽特此时正在观察一朵刚刚摘下来的菊花。但是，仅仅一眨眼的时间，玛格丽特就放弃这朵菊花了，她开始观察一块圆形的石头和其他的植物了。

她的母亲很聪明，让玛格丽特重新观察这朵菊花，把圆形的花瓣当成花朵的眼睛，把那些花蕊当成花朵的眼睫毛，菊花每天都在草地上，用自己的双眼观察天上的阳光，但是，菊花会一直睁着眼睛。

我们也可以把菊花当作在天亮的时候出现的眼睛，原因是这双眼睛一直在看着阳光。这个时候，玛格丽特开始思考了，到了太阳下山的时候，菊花是什么样子的呢？它会不会跟我们一样，把眼睛合上，然后做一个香甜的美梦，直到太阳再次出现的时候再睁开眼睛呢？

这样一来，玛格丽特对这朵菊花有了浓厚的兴趣，母亲说完这个故事之后，玛格丽特依然在观察着这朵菊花。

之后，也许玛格丽特会把菊花抱在怀中温暖它，也许玛格丽特会亲一下它作为鼓励。通过这样的方式，母亲找到了可以让儿童保持好奇心以及在观察中拥有快乐的方法。

总是在课堂中进行训练，儿童就会觉得很无聊并且不放松。就算是儿童已经养成了专注的习惯，他们依然会认为学习是一件累人的事情。

在儿童的成长过程中，这个时候就是一个分界线，儿童如何发展需要依靠母亲的智慧以及敏感性。

第一步要做的是，让儿童在做数学题或者是读书的时候提高注意力，不要对着学习的教材昏昏欲睡。

当发现儿童在学习的过程中变得没有那么积极的时候，就不要继续下去了，可以换一个学科进行训练，等到儿童的积极性回来之后，再继续之前没有完成的训练。

假如在课堂上，儿童没有专注到训练上，这个时候假如母亲和教师都没有引起足够的重视，那么结果就是儿童在大人的强制力下被动地前进。

这个时候要求我们，还是要进行课堂训练，不过在进行训练的过程中要让儿童感觉开心和放松。

那些想要让课堂训练变得有趣的老师一定要了解基本的教学理念，例如说，他们需要了解，什么年纪的儿童该学什么样的课程，老师用什么样的方法会让儿童认为这个训练是轻松有趣的。

老师要了解，怎么进行训练，儿童就不会有过度用脑的情况发生，并且在玩游戏的时候保持充沛的体力。

老师还要了解，怎样做才能让儿童对这个训练产生浓厚的兴趣，才能让儿童想要获得更好的成绩，才能激发起儿童孝顺父母的情感。用这样的方法，就不会因为不好的目的让儿童养成不好的性格了。

不过，教师一定要防止这样的事情发生，那就是不要让儿童天性中的动机把他们对于知识的追求替换了。虽然说对知识的追求也是天性的表现之一，不过我们进行的教学活动主要是围绕这个目的进行的。

在一定的时间段内做安排好的工作，这个我就不再强调了。在这里，我想讲一下父母在对儿童进行教导的时候要遵循什么样的原则。

第一步，父母要做一个清楚明了的表格，在表格上注明在这个时间段中儿童要做的事情，并且标明做这件事情需要耗费多长时间。假如说可以让儿童养成在一定的时间段内做一项工作的习惯，那么我们的教导就算是成功了。

这样做，不但可以让儿童按照一定的条理做一项工作，也会让他们变得更加的努力，因为他们明白，时间段跟时间段是不一样的，当在规定的时间内没有完成要做的工作的时候，下次就不会有更多的时间做这项工作了。这成为儿童专心做一件事情的动力。

第二步，不要用过长的时间进行一个训练。针对不到 8 岁的儿童，一般来说一个训练不要多于 20 分钟。

我们这么安排是有科学依据的：首先，时间短会让儿童觉得训练的时候一定要够专注才可以完成读书或者是做数学题的工作。其次，假如说在一个时间段内进行一项训练，儿童就会尽最大的努力吸取知识，这样好像儿童很乐意进行这个训练，这也算是一个收获。

假如说我们把每个训练都安排得恰到好处，比方说，在儿童思维清晰的时候做数学题，在大脑不高速运转的时候让儿童读书或者练习书写等。

我们依靠这样的依据进行我们的训练，最开始是需要思考的训练，然后是需要仔细认真的训练，假如按照这个规律，那么就算是进行半天训练，儿童也不会有累的感觉。

在一般课程或者是小课程的期间，还要不时提醒儿童，让他们专注在训练上。儿童想要别人称赞他，想要别人支持他，不过这种支持不仅仅是在言语上，还需要用金钱进行支持，这样儿童就会更加勤奋。因此，我们要按照一定的规则进行适度的鼓励。

那么在儿童完成得非常好的时候，我们要给的鼓励是什么呢？是不是要在休息的时候彻底放松呢？

假如一个男孩本来打算用 20 分钟的时间把两道数学题做出来，同时保证答案正确，但是实际上他只花了 10 分钟就完成了，这样一来，剩下的时间就可以让他进行自主活动了，他可以选择在院子当中嬉戏，也可以做别的让他高兴的事情。

如果说这个男孩下一个学习任务是写出 6 个 m，他一共写了 6 行，不过通过检查发现，一行中就找到一个对的，这个时候规定的时间用完了，不过男孩没有写好 6 个 m，如果他在剩下的 m 当中找到一个准确的，那么他也可以自由地进行交通工具的绘画练习了。

进行学校教育的时候，我们用分数的高低来衡量一个儿童是不是优秀的，这也是用来激发儿童的一个动力。

我们要在快下课的时候，让儿童做一些不一样的事情，可以让儿童对训练保持兴趣，不过这也是我们进行学校以外的教育所要进行的主要训练。

教师对儿童的看法是让儿童专注于一件事情上的动力，有的时候

这种做法不受儿童欢迎，原因是在这种做法中有一种一定要比其他儿童优秀，一定要站到成绩的顶端的指引性，这一点让人很难接受。所以我们在进行教学活动的时候一定要阻止这种做法，更不能助长这种做法。

那些表现比较突出的儿童会取得比较好的成绩，为了取得好成绩，儿童之间会用各种不好的手段进行竞争。

不过，现实中，儿童也要适应当今的社会，有的时候，在一些训练中，我们会取得较好的成绩、会获得鼓励或者会得到称赞等，无论是在体育上，比如说踢足球、打网球等或者是在绘画上，当我们表现得比较优秀的时候，就会取得较好的成绩。

不过对于高分之下的人来讲，尽管他觉得不满意，不过也没有办法进行改变。

对别人的看法从一个训练开始到最后始终都在。如果说儿童面临的是一个充满竞争的社会，他在进行学校教育的时候就有了这种意识，也就不奇怪了。

这是每一个母亲的工作。母亲会告诉孩子，取得好的成绩不用骄傲，没有取得较好的成绩也不用沮丧。

换句话说，母亲对于儿童的喜欢以及怜悯被儿童看了出来，这个时候，儿童就不会因为竞争失败感到沮丧和伤心了。

这个时候，儿童会因为自己的弟兄取得好的成绩而开心，他的弟兄也会为他没有取得应有的成绩觉得心疼，这个时候，他的成功也就不那么重要了。

最后，假如我们用一个数字对儿童的奋斗进行评价，只要是高的数字就可以获得物质上的鼓励，不过我们鼓励的是儿童的努力，不是一时的聪明活动。

也就是说，我们给予的物质奖励是儿童奋斗之后的结果，假如说所有的儿童都按时上课，遵守规则，专注做训练，努力，听话，他们都会获得奖励。

这个时候，没有获得奖励的儿童不会再嫉妒那些获得奖励的儿童了。

如果我们仅仅用一个数字引发儿童在训练上的冲动，那么这种方法是不可取的，原因是当我们这么做的时候，儿童的专注力放在了怎么做才能把别人竞争下去的想法中，他们就不会追求应当掌握的知识了。

事实上，不管是什么方式的打分，就算是对孩子的行为打分，也会让儿童的专注力下降，原因是这种用数字进行衡量的做法更让儿童感兴趣，这样做他们就可以一直注重自己的活动以及专注力了。

儿童在训练的时候进行奋斗，本来就是想让自己的父母更开心一点，所以我们可以用这个理由鼓励儿童更加用心学习，不过我们不能经常用。

假如我们做得过度了，会让儿童觉得这像是一桩买卖，比如我们会讲："要想让母亲开心，你一定要做到这些"，"你不能做让我不喜欢的事情"等，大人用这些说法当成束缚儿童做出准确活动的方式。

不过，如果经常重复这句话，儿童跟父母之间的感情就会变淡，儿童努力训练的目的也变了性质，而儿童不喜欢听到别人说自己不孝顺，所以习惯了撒谎。

不过，儿童对于知识本来就有很大的兴趣，在知识的作用下，儿童可以有学习的冲动而且可以专注地进行学习，我们都明白这件事情，所以我们要帮助儿童对知识从心里有想要学习的冲动。

不过，我们也能观察到，在我们的教学工作中，有一些看起来很优秀实际上却表现不够好的老师，他们没有帮助儿童建立兴趣，而是扼杀了儿童对知识的追求。到后面的时候我会详细讲一下这个问题。

显然，专注力不属于我们身体中的一部分。不过，大脑要做到什么程度才可以称作我们本身拥有的力量呢？这个我们也不清楚。

我们的专注力跟大脑的思考没有一点关联，不过我们进行活动的

时候，必须要借助大脑的活动才能够完成。

大脑在工作的时候产生的专注力，是按照父母以及教师的指导形成的，他们用了很多种方法，才让儿童专注在一项工作上。

到儿童成长了之后，父母就能让儿童进行毅力的练习了，在以后的工作中，儿童需要依靠自己的毅力专注地完成它。

我们生活在一个多姿多彩的社会当中，所以外面有很多刺激的东西，这个时候父母要教育儿童，只要他们依靠自己的毅力专心地做一项工作，就意味着他们是成功的人。

虽然儿童的大脑自己在进行着思维活动，不过我们有必要让儿童知道他们会面临怎样的困境。不过如果儿童没有毅力的话，他们的想法就会变得天马行空，只有依靠毅力他们才能专注地做好一件事情，这个对于他们来讲就已经成功了。

有的时候，母亲会心疼地对失败的儿童讲："你努力过了。"实际上，这个也是一种鼓励，这种鼓励是给予那些依靠毅力付出过的儿童的。

但是，我们也要知道这一点，通常，那些经过教导的儿童才具备专注力，也就是说，只要人们把专注力放到智力的发挥上，那么就可以成功。

尽管儿童会在一方面的能力很强，另外一方面的能力很弱，不过一旦我们让儿童养成专注的习惯，那么他们身体中蕴含的能量就可以爆发出来了。

假如我们可以把必须要做的工作跟自己喜欢的工作之间的矛盾消除，那就太好了。假如可以让儿童选择自己感兴趣的课程进行训练，这对于母亲来说也是一件开心的事情。

这种想法不是特别不易实现，不过我们要关注的重点在于我们要防止儿童在做喜欢的事情时养成不良的习惯，比方说没有专注力。

现阶段，大家经常说的就是压力太大的事情，我们也看到了压力太大造成严重后果的两个原因。

不过我们在找寻原因的过程中发现，造成大脑压力太大的原因竟然是没有养成专注的习惯。

如果每个人从内心来讲都认同，我们没有做一件错事，只是我们没有完成该做的事情，对于事情的惦记会让我们坐立不安，也会让我们在努力做完这项工作的时候身心俱疲。

这个也是在学校进行教育的儿童没有完成训练的关键因素：有很多的想法，没有办法在规定的时间段中做完一个训练；他们对课堂有了一种恐惧的心理。

后来，儿童越想改变这种情况就越办不到，最后搞得自己特别的累，就算是他们专注地上了 12 个课时，也没有感觉像现在这么疲惫。

当儿童开始接受学校教育的时候，父母在儿童的课后训练中有很大的影响，不过父母不应该直接完成儿童要做的事情。

不过，我们可以想象得到，那些有着很多烦恼的父母会说："安妮很晚都没做完课后训练，她太辛苦了，还要做很多事情；汤姆在 10 点的时候还在读书，我们在这个方面没有管过孩子。"

这种让儿童身体疲惫甚至精神也疲惫的训练方式，如果父母不予理睬，不仅会让儿童养成不好的习惯，更不会取得进步。

实际上，假如家人使用科学的方式，那么儿童不专注的情况就不会发生了。没有集中注意力是儿童自身造成的，跟训练不训练没有什么关联。

假如在读书的时候，儿童没有集中注意力，那么父母就要用合适的方式帮助儿童改掉这个毛病，让儿童可以在一个或者是半个小时之内专注做一个训练。

假如儿童没有办法进行专注训练，那么父母要严厉一点，期间不能让儿童觉得家长心软。在儿童完成训练之后，可以允许儿童玩耍或者是读喜欢的书。

这样一点一点地进行转变，儿童就会觉得，在规定的时间内完成课后练习没有困难了，并且在完成训练之后，他们还可以按照自己的

意愿做一些快乐的事情。这个时候，儿童还认识到，一旦专注做一个训练的时候，就会完成得更加出色。

不过，无论在什么年代，我们都不希望 14 岁以下的孩子有课后练习。尽管说强迫儿童完成各种课后练习，看起来是家长以及学校赢了，不过这么做对儿童没有一点好处。

现实中，我们把所有要完成的练习都排到上午就行了，尽管上午要学的很多，不过儿童还是可以做完的。

对儿童的约束是训练儿童专注力的最好方法。一个刚刚来的佣人或者是刚刚工作的学校老师，认为自己完全可以控制好鼓励或者处罚的力度。

不过，约束力的使用也有一套科学的方式，我们对儿童进行鼓励或者是处罚都要在自然规律的基础上进行，都要根据活动的最后结果进行判断。在儿童做了这样的活动之后，只有按照既定的规律进行鼓励或者是处罚，儿童才不会受伤。

在《罗莎蒙德和紫色瓶子》这本书中，它的作者艾奇沃思讲了一个寓言，讽刺了所谓的公平的准则。

那些女孩对于化学专家窗前的紫色的小瓶都很厌恶，不过我们在跟社会进行沟通的时候发现，我们不想做一些一定要做好的工作，然后我们会有一些不想要的收获，这个时候，我们就能明白，完全按照自己的意愿进行工作是不对的。

在现实生活中，母亲只有认真地思索以及拥有不会动摇的信心，才可以按照公平的准则进行奖励或者处罚。

母亲一定要仔细地观察和思考，为什么儿童会出现这样不好的习惯，之后，母亲还要寻找适当的方式进行处罚，以便帮助儿童改掉这个习惯。

就算是儿童处于一个相对宽松的环境当中，母亲也要在适当的时机对儿童进行一点处罚，这是一定要做的。

不过，经常会出现这种情况：那些完成得出色的儿童拥有了回报，不过那些做得不太好的儿童就会接受惩罚。

母亲跟儿童都要具备接受失败的勇气和准备，假如母亲觉得做得不好的儿童太可怜了，想要在物质上给他奖励，让儿童的心理达到平衡，这个时候，就是她做得不对了。这种做事的方式让儿童有了这样的认知，以为自己做的是对的，以后还要按照以前那种不对的方式进行。

母亲要在儿童的教育上耗费很多的精力，不然的话儿童不会按照既定的规则办事。大部分时间内，母亲要阻止儿童做出不对的、随心的活动。

儿童做得不对，父母要让他看到后果，这种方式可以让儿童接受更好的教导。举一个简单的例子，假如一个男孩一直不吸取知识，到最后这个男孩就不知道很多的事情，不过在儿童变成这样的状态的时候，他的父母会接受严厉的批评。

» 思维很重要，让孩子勤思考、多想象

我们在对大脑进行一系列的训练的时候，使用的方法跟训练专注力的方法是一模一样的。我们能够用让儿童努力吸取知识的方式，锻炼儿童大脑的运作。

作为一名老师，也要做到机智灵活，这样的老师会让儿童训练用很快的速度回答问题，灵活地进行思考，快速把课后练习完成。

在跑步上，兔子比乌龟的速度快，因此我们一定要对乌龟进行一系列的训练，让乌龟的速度一天一天地提升，不断向拥有灵活的思考力以及很快的速度这一方向转变，这样我们的训练就可以越来越接近预定的目标了。

我们一定不能让儿童有那种不积极的情绪，要让儿童具备一定的专注力。不能让儿童有类似的想法，比方说“我真的不喜欢数学”，或是“历史真让人厌烦”。

这个时候，我们要引起他们对这些课程的兴趣，尽力让他们了解，等他们掌握这些知识之后会有什么样的好处。

儿童想要达到美好的目标，就一定要不断地、不怕累地一直专注地做这件事情，并且在做的过程中，不会有精力分散或者专注力消失的情况出现。

在专家的眼中，大脑在运作的时候会出现很多的活动，这些活动也有着自己的名字。用教育学专业的术语称呼大脑的运作，就是思维，这是一个非常精确的概括。

不过，这里我提到的思维是指那些认真思考之后的活动，不是那种天马行空的想象。

我会引用一个例证进行详细说明。在《思维的规律》这本书中，汤姆森写了这样一个故事。

某天，一个军官在非洲的草原上行进，这个时候，他的引导者忽然让他停下来，然后用手指向天空，说“狮子”。

这个军官觉得很惊讶，所以他仰望着天空，看到一只老鹰在很远的空中盘旋。在它盘旋的地方，军官和引导人都看不到具体是什么，在那里有一具马尸。

这个引导人心里非常明白，有一只狮子在这个尸体的旁边，那只老鹰是在看着狮子吃东西，并且很妒忌狮子。

在引导人的心中，发现老鹰就像是穿越草原的人发现狮子似的。这个动物肯定就在那里，这种感觉是对的，在引导者的思考中，这个是很容易的，他们对这种情况了如指掌，不过我们没有碰到过这种事情，所以我们还要一直努力下去。

假如看到老鹰了，说明那个地方一定有尸体，老鹰没有飞到地上吃尸体，就代表有别的动物守护着尸体，不过要是小型的动物，老鹰可以跟它们竞争，但是老鹰就只是在空中盘旋，这就表明肯定是体型大的动物在那里，这只体型大的动物就是狮子，因此引导者就判断出尸体旁边的动物就是狮子。

这个也就是所谓的“狮子理论”。在这个理论中，有这种思维模式的详细解答。

儿童在进行课堂的训练中都要使用狮子理论，要在因果之间进行转换和猜测，然后在不同事物之间进行比较找出不一样的地方，接着按照一定的规律进行因果的判断。

我们为了让儿童拥有更好的思维水平，在儿童的训练当中差不多都会有一些不容易做的练习。

我们对于训练的安排一定要合理，第一节一定是需要努力思考的训练，到了后来就是不太使用大脑的简单的训练了。

关于联想的训练，会让儿童觉得非常开心，所以这些要在努力思考的训练之后进行。这个时候，我再强调一点，在儿童使用的教材中，为了突出笑点，删减了许多有价值的段落，这个让人有点遗憾。

《爱丽丝漫游记》中描写了一些不可能存在的，拥有很多东西的大聚会。在这个聚会上面，不管是年长的还是年幼的，都舍不得把书本借给别人观看。

但是，儿童看了之后，能够在书本内容的提示下产生很多非常开心的想法，尽管这本书的价值比不上《瑞典家族罗宾逊》。

我们在给儿童选择圣诞书籍的时候，碰到这样一个问题。那些只管搞笑的书籍没有办法提升儿童的能力，它们只可以让儿童拥有一种不好的情感，虽然说有的时候这种情感会让生活变得很有意思。不过一旦超过了一定的界限，儿童就会养成喜欢吹牛，喜欢乱说一气的坏习惯。

儿童对《戴奥珍妮丝和特洛伊的淘气男孩》的故事有着浓厚的兴趣，不过这里面描述的不是我们生存的社会，而是在联想中才会出现的世界。

比方说，在联想的时候，我们大家都变成了进行探索的鲁滨孙。虽然在儿童的成长中需要一些幽默的书籍进行调味，不过切忌给予他们一些胡说八道、没有价值的书籍。

另外，还有关于圣诞节时乔治以及罗西探险的事情，或者是一些幽默的以及恐怖的事情，还有就是能让儿童知道怎么做才能拥有优秀

的品格的书，这些都没有引发儿童的联想。就算是反复读这些书籍，儿童也不会把自己当成这些书籍中的一份子。

儿童一定要知道一些用很多联想写出来的书籍，比方说在别的地方、别的时间拥有的很神奇的事情，或者是一个英雄在不同世界进行探索的事情，或者是在紧急的时候保证自己的安全，又或者是一些美好的童话故事。

这个时候，在看这些书籍的同时，儿童可以尽情地发挥自己的想象，再没有什么阻碍他们不要有这种想法了，就算是儿童清楚明白有的事情不会发生，不过这也没有影响他们对这个故事的信任。

在我看来，我们不只是想要为了快乐才去联想的。如果是这样之后的时间中，我们的后代可能会将现在的我们称为没有联想能力的一群人。

到目前为止，我们从来没有用联想的能力进行过一些很宏大的活动，也没有表现得像是英雄一样，一般来说只是对自己的工作、身边的人进行努力，这个时候，我们自身的需要就变得不重要了，甚至都没有自身需要了，我们所有的奋斗都只是想要做好自己的工作或者是为了其他人。

在我们生活的年代，那些作家认为这个时代没有特别的事情会让人产生联想，因此，他们写的书籍都是对我们生活的记录。

确实是这样，假如说我们的联想能力没有让我们发明新的事物的话，那么我们就不需要它了。

那些有价值的联想能力，不只是要对事情进行一般的联想，还需要在这个联想当中发明一些新的事物，当这些事物应用到适合的地方的时候，就证明我们的联想是有价值的，它成功了。

我们联想的能力不是与生俱来的，这种能力存储在我们的大脑里，在经过不断的成长之后终于变得完善了，这个时候，联想就跟大脑的其他功能一样，从最初的细胞进行发育，然后不断吸收养分，最后发育完善。

在孩提时代会有许多的信仰，当然也是联想吸收养分最好的时候，它会在这个时期迅速生长。

儿童还能在周围的人或者事上，在其他时间的日常活动中找到自己感兴趣的事情，这个也是让儿童表现得很开心的事情之一。

儿童在看一些有情节的书的时候，会觉得自己非常开心。在进行课堂训练的时候，比方说地理训练或者是历史训练，也可以使用自己的联想能力。

假如说在儿童的大脑中没有书中写出来的古代生活的联想，也没有在其他地方不同天气的联想，我们进行这些训练又有什么用处呢？

因此，一定要实现我们进行训练的目标，充分挖掘训练的影响力。如果说我们在教室的外面悬挂着很多富有联想力的绘画，这个时候，儿童还是无法进行联想的话，那么我们的方法就变得毫无用处了。

教导儿童怎么训练，怎么在训练中进行思考，这里就不多说了。在这里，我们要探索的是：智慧是需要训练的。

跟写作或者是滑冰类似，那些没有想法的儿童根本不会思考。在生活当中，我们观察到有很多没有想法、不思考的人，他们都没有用过自己的大脑。

这也是儿童一定要对一件事情进行思索以及彻底了解这件事情的缘由。在经过不断地奋斗之后，儿童的知识一天比一天变得渊博了。

儿童和父母会把思考的方向弄反，在这里，儿童会担当提问的角色，而父母会担当解决问题的角色，在父母看来，只要会提问就说明儿童在思考。

不过提问仅仅是进行思考的开端，也可以说是思考最简单的事情，不用耗费太多的精力。其实，对的做法是让父母担当提问的角色，儿童担当解决问题的角色。

对于这个问题，儿童自己首先进行不断地思考，到了后来再由父母解开谜底，这个方法才最有效，这样一来，儿童会把这个回答储存在大脑当中。

在吃完饭散步的时候，父母也可以问难一点的问题，要求儿童仔

细思索答案到底是什么，例如说“叶子怎么不沉到湖水里”“石子怎么不漂在水上”等之类的问题。

» 让孩子把“全力做好一件事”当成习惯

“如果你打算去做某事，就竭尽全力地做好它”，如果在家庭教育中能依照这一原则，那将取得很好的效果。

我们可以让孩子画画、做手工、摆积木，和他们一起玩游戏，慢慢地会发现经过反复的练习，他们会完成得越来越好。

对于其他民族的一些习惯，比如法国人和德国人，对于问题的思考都比较哲学化，在他们的思想中，孩子身上不好的习惯一旦被改正过来，好的习惯就会一直被延续下去。

我回忆起和海德堡的一所小学的孩子在一起学习时的开心画面。在这个班级中，孩子大多6、7岁，40个孩子在一起上学习写字的课程。

在这个过程中，有位老师教授孩子一些口语，并且把讲的单词写在了黑板上面。在他们的成绩出来之后，我们看到这40位孩子的书写没有一丝的不规范和错误。

我们不能要求孩子去做那些他们不能做好的事情，这样，孩子的印象中也就形成凡是让自己做的事情，自己都是可以并应该竭尽全力地去完成的。在我们教学的过程中，我们也应当帮助孩子达到最好。

比如说，在学习一个打网球的姿势的时候，如果我们只是让他们通过不同的角度和距离模仿一下，会使他们感到不尽兴，他们的大脑会感到疲惫，双眼也很干涩。

但是，假使让他们按照既定的距离和角度完成6个完整的击打网球的动作，而非简单地比划一下。再假如他的身边站着一位给他动作挑错误的同伴，一直陪伴他完成这6个动作。

如果他今天没有把这些动作做好，那就让他第二天或者第三天继续做，直到能够完美呈现这些动作，而他也就迎来了属于他的精彩时刻。

在孩子小的时候，我们就要培养他们这一习惯。在他们给卡片上色的时候，就要坚持上完所有的人物或者动物。**半途而废，或者因为其他事情打扰了孩子，都是极为不利于孩子成长的。**

作为家长和师长的我们，首先要让自己实现“完美”，再引导孩子实现他们的“完美”。我们应帮助他们制订完整的计划，以保证所做的事情能够一直坚持并尽最大努力地完成。如果没有完成，则不要让孩子进行下一件事情。

» 培养和训练孩子的服从性

我们应当在孩子形成习惯的过程中给予积极的引导，而不是让他们自己通过不恰当的方式来培养习惯。对于道德习惯的培养也是如此。我们常说“军人的天职就是服从”。而实际上，作为孩子，也应当有遵守规则、命令的习惯。

孩子应当服从父母或者师长，可以把它看作是一种义务。这是由于孩子的思维还没有健全，还不能正确地判断事物，需要成年人的帮助。而服从又不仅仅是对孩子的要求，对于成年人来说，我们也需要遵守各种道德、法律等等。

遵循或者服从都不能是偶然的行为，如果明确了这一点，我们就需要和孩子共同去接受“服从”。实质上，这是家长在帮助孩子培养他们的自制力，以及遵守法纪的良好习惯。为了形成对于师长的服从，我们就要惩罚那些不服从的行为。

并且，我们要避免孩子的“应付”，即只是在嘴上遵循父母的命令，实际上的操作却是另外的行为。我们要告知孩子，“服从你们的父母所说的话是正确的做法，因为他们帮你做的决定是正确的”。

孩子所表现的行为其实是他们思想的表现。也就是说，他们是否遵循父母的命令以及在多大程度上去执行，主要取决于他们自己的意志是否坚定。

他们内心的正义感越是强烈，就越会义无反顾地进行下去，即使有诱惑或其他的事物进行干扰，他们也会完成父母的这一指令。

我们在培养孩子这一习惯的时候，还应当注意不可过分地勉强孩子去做一些他们不愿为之的事情，太过强硬往往会适得其反。

比如常年在街头游荡的孩子回到家中，如果我们一下子就让他们进入条条框框的秩序中，他们很难接受。即使我们出于善良的意志，严格要求他们，得来的可能会是他们不顾一切的反抗。

这是为什么呢？因为他们并没有从心底认同我们，在他们看来，服从我们的命令，只是在服从“强权”，他们是屈服于我们的权威之下的。这就难以引起他们的心理共鸣，也就难以真正发自内心地服从我们。

而作为家长的我们，应当去唤醒孩子心中服从的“种子”。但我们不能通过恐吓、威胁、责骂、打骂孩子的方式去使他们遵循命令，这样会使孩子认为现在的遵循命令只是迫于自己没有家长那么大的力量，只要长大了，自己就可以反抗了。

通过什么方式去让孩子服从呢？母亲对于孩子平时都是慈祥的话语，所以当我们认为事情严重的时候，我们只需要严肃地很有威信地对孩子说“你一定要做”就可以了。而没必要对孩子歇斯底里地“教训”。

因此，**家长需要的是从一开始就培养自己的权威，自己对于事物的态度要坚决**。在和孩子相处的时候，要和他们形成相处的规则。这样孩子就可以清楚地从母亲说话的语气中察觉出母亲对于自己的要求。这样从一开始孩子就服从家长，之后自然地也就会形成这样的习惯。

值得注意的是，我们不能允许孩子的任何越轨的行为。因为规则一旦被打破，那么在孩子的印象中，不遵守命令也是无所谓的，之后他们将会变本加厉，他们就会随自己的心意去做他们认为正确的事情。

这样的结果会很麻烦。比如说，孩子在画室游戏的时候，母亲要求他们：“下楼去玩！”“母亲，我们就待在窗户的角落好吗？我们会保持安静的。”

如果你同意了，孩子就待了下来。当然，他们不会保持安静，他们更愿意按照自己的意愿行事。

母亲也正是被这些小事所打败。“威廉，去上床睡觉！”“母亲，等完成了这项工作再睡吧。”母亲答应了，但这样往往会造成不好的结果。在养成服从习惯时，最为关键的就是要孩子每天都重复完成父母的指令，以形成习惯。

我们也会惊讶于孩子有时候会用他们的“小聪明”对付我们。“进来，玛丽。”“好的。”但是母亲叫了第四声的时候玛丽才有所行动。

“这块砖头需要搬走”，小孩子很不情愿地、磨蹭地搬走了那块砖。

再或者“你应该在第一遍铃响的时候就去洗手”，孩子也许在听到这句话的时候去洗了，但在之后的生活中又会忘却。

家长们如果不想遇到这样的问题，那么请你们从一开始就帮助你们的孩子形成快速的、良好的遵守命令的习惯吧！如果孩子只是偶尔服从，还不如不培养这种习惯呢。

我们要从一开始就明确地告知孩子，必须服从，不能让孩子做明令禁止的事情，这样我们也就不再需要绞尽脑汁地去改正孩子的坏习惯。而遵循命令的习惯形成之后，也会提高他们的自制力，这对于他们之后的学习、生活、工作是多么重要啊！

要养成这样的习惯，我们从一开始就要分析孩子的承受能力，在下达命令时，可知孩子是可以完成的。而家长也要有强大的自制力，当孩子要放弃时就要鼓励孩子，或者在孩子遇到困难的时候，不要一味地迁就孩子，而要坚持帮助他们完成。

如果你的孩子已经拥有了服从命令这个良好的习惯，那么让我们适当地放手吧。给他们去根据命令来规范自己行为的自由。

孩子需要在这个过程中，学习如何依据所接受的指令来做事，这个过程中可能会出现一些小的错误，但这不都是难免的吗？孩子不能只生活在我们的无数指令当中。

第六章　培养优秀品质，塑造美好人生

» 遗传基因对培养孩子优良品质的影响

德国著名诗人歌德写过这样一首诗：

无所畏惧的父亲带给我什么？
——健康的生活和坚韧的品志。
温和善良的母亲带给我什么？
——幸福的岁月和写诗的方式。

诗人也是父母所生养的，也受到父母深刻的影响。而这一特点，也不是诗人首先发现的。我们早已认识到，父母的一些特质会在孩子的行为中表现出来。由此可以看出，父母在孩子的成长过程中，所起到的作用是多么的重要啊！

而孩子所继承的那些基因在其形成个人品质的过程中究竟起到多大的作用呢？我们经常会在生活中去探讨遗传的作用。

在人物的自传中，也会提及自己的先祖以及年幼时所处的环境对今后获得成功起到了多么至关重要的作用。但过多地考虑孩子所遗传到的一些因素，会使我们忽视教育的作用。

我们常听到这样的谈话：

“哈罗德是个非常聪明的孩子，但他的注意力却很难集中起来。”

“对于我那可怜的孩子，他怎么才能拥有控制住自己的能力啊！”

“资质好的人就会有资质好的孩子，而平庸的人的孩子也较为平庸。我们全家人都不很聪明，那又怎么去指望孩子很有智慧呢？”

哈罗德怎么样学会控制自己？这是摆在我们教育上的一个重要的问题。我想所有的家长面对以上的问题都不会任其发展，相反，我们都会十分努力地去帮助他们改正这些缺点。这时，我们谁也不会秉持着“遗传因素不可改变”的信条，而对孩子置之不理。

这里，教育的重要性就体现了出来。我们会在孩子之后的学习、生活中，不断提高他们的自我控制能力，自我监督能力。经过一段时间的学习，我们能够看到孩子在上课的时候不再走神了，能够发现他们可以独立完成作业了。我们会为此欣喜，并感到骄傲！

我们所能够给孩子提供的只是一个个教育的平台，而在这些平台上，孩子的发展有无限的可能性。我们不应当拘束他们，不应该为他们规定起跑的方向，而应当让他们自己选择。这样我们将看到孩子所有潜藏的能力。

亲爱的家长们，此时你可能会有一些失落，但其实孩子正在按照自己所希望的那样长大。他们在努力地通过询问或者自己探索的方式获得知识，他们在通过游戏的时光来学习更多的技能，他们在和小朋友的嬉戏甚至是打闹中体味朋友的含义。

当我们为他们提供了这些机会之后，他们就开始自发地进行以上的活动了，因为这是出于他们本来的意愿。所以，如果有一天你发现孩子拥有了较为完整的思维，会讲述出我们所不知道的自然现象的缘由，在感动之余我们也无须感到吃惊，因为这就是教育的结果。

孩子学会这些并不困难，他们通过模仿我们日常的行为，通过画册上的小熊母亲的话语，通过动画片里卡通人物的言行，都很容易地把一些潜在的能力调动出来，给我们带来无穷的惊喜。

我们现在生活于高楼大厦之中，每日看着穿梭在马路中的人群，急速的车流已经使我们忘却了本身，只是在时间的催促之下完成这一天的工作。在这种心态之下的我们，很难在面对孩子的时候展现出耐心，

也很难让孩子想象远离城市的生活是如何的贴近自然。

我们会发现孩童时期在山间小路上的奔跑，可以让孩子更加的有创造力。因为在奔跑的路上，他们会看到不同的树木和花草，会和各种昆虫动物游戏。

试想一下，如果让孩子亲自去观察蚂蚁怎样展开合作搬运食物，蝴蝶是怎样从毛毛虫蜕变而来的，这些所给他们带来的冲击是不是要远远大于书本上的图片？

我们带孩子去接触自然的时候，请不要在旅行袋中放入一本课本，应当帮助孩子放空思想，让他们完全去探知自然的世界。只有这样才能让孩子去观察每种花的颜色，辨别各种生物的种类，而不是在树林中行走的时候还要背诵一段课文。

最近我又获得了这样的一个例子，再给成人提供教育机会，同样能取得很好的教育效果。

我的一个朋友，她把兴趣和精力放在“失业者培训机构”上，在这里给失业的人讲授运用黏土做模型的知识。这里的学生都是工厂中的工人，他们上课的时间也不固定，但她承担起了作为老师的责任。

她发现，没有人教过这些工人怎样去作画，连最基本的作画方式也没有学过。用这位老师的话说：“他们的艺术能力还没有完全丢失。”

老师给了工人们一两件辅助工具，以及制作黏土的模型，再教授他们如何体会那些塑造事物的感觉。这些学生用他们的热情在积极地工作着，六次课程之后，他们交出的作品近乎完美，甚至可以和艺术品媲美。这是多么让人兴高采烈的事情！

这位老师曾提及：“我只是挖掘了工人们的潜力而已。”

在这里，我们还要谈到老师的责任，老师们应当极其热爱自己所教授的课业，无论你是作为研究数学严谨的教师，还是作为教授艺术浪漫的老师。

请一定要表现出你对这些知识的炙热情怀！因为这种强大的情感力量是极容易吸引学生的，他们会因为你的情感而不自觉地集中精神，会好奇所要学习的内容究竟有多么大的魔力。

在教授知识的过程中富含着感情，会把对知识的热爱投入到孩子身上。而孩子感受到了老师无比的情感之后自然也会跟随教师的思想，发掘他们所拥有的艺术潜力。而且他们很乐意不断为此而努力，并取得可以自我满足的成绩。

这是一个良性的循环，所以孩子会越来越好。而这也说明，孩子可以通过指导和训练来开发他们本身就有的潜力。

原因很简单：当孩子对一个事物产生好奇时，他们就会自己去探求原委，再加上我们的帮助，他们很快就可以习得这一新的知识。我们每一个人都拥有获取新知识的欲望，以及相应的学习能力。

在孩子热情的配合下，一切都拥有了魔力，只需老师的引导和对错误及时进行纠正，一个较为复杂的任务就会被完成。

“失业者培训机构”的目的是通过对失业者进行相关技能的再培训，挖掘他们所拥有的潜在的一些能力，使他们在社会上利用这些能力继续发展，获得更高的地位。所以只要有老师的简单帮助和训练，再加入一些自我的纠正，就可以让这些人在社会上继续工作了。

家长在陪伴孩子的过程中，需要不断帮助他们形成各种获取知识的能力和坚韧的性格。刚刚面对世界的孩子是不具备各种能力的，或者是这些能力还隐藏在孩子的大脑之中。

所以父母在陪伴孩子的过程中，要教会他们看书，教会他们分析的能力、观察的能力等等。这样孩子才可以通过自己的双手、双眼、双耳去探索未知的世界。

另一方面，坚韧的性格也是至关重要的。因为在探索的道路上我们总会遇到挫折，在面对这些的时候，我们需要劈荆斩棘的勇气。要让孩子不畏艰险，这就需要父母帮助孩子塑造他们的性格。

在孩子一路成长的过程中，父母对于孩子的影响真的是至关重要。孩子是一颗小小的种子，只有在父母的雨水滋润和不断施肥的照料下，

孩子才能发芽成长，直至成为参天大树。

人所具有的先天因素对自身的发展确实起到一定的作用，它会使人们具有某种程度上的天生禀赋，这会使得孩子对一些东西具有天生的敏感度，而更易于学习。但是他是否能够获得最终的成功，在很大程度上要取决于后天是否不断努力。

孩子人格不断地健全，可以帮助他们不断地取得成功。它的发展是和家庭的发展相一致的。父母应当努力地陪伴孩子共同成长。

一个人的伟大不只是取决于他的成就，更主要的是人们对他高尚品格的敬仰。我们从小学习白求恩先生的伟大事迹，颂扬的是他伟大的国际主义精神，我们钦佩于他的宽广情怀。而又有多少人虽然取得了一定成就，但因为道德品格出现了问题而遭到了人们的摒弃？

我们每个人都有自己的脾气秉性，这才使得我们就是独特的自己。也正是因为遗传的原因使得我们各具特色，而避免了所有的人都如同克隆一般。遗传使我们拥有了各异的人格。

孩子可能遗传到了温柔善良、乐观开朗、心胸开阔的性格；也可能遗传到了阴郁沉闷、胆小怕事、自私小气的性格。拥有前者我们只需要让他不断发展，而拥有了后者，我们就需要通过教育来改变了。

» 孩子的品质像黏土，具有极强可塑性

聪明的上帝早就安排好所有的事情的运行法则，这个也是人类活动的运行法则。在有了一定的金钱、地方以及工人的时候，我们仅仅提供工具和培训方式，就可以让那些什么都不懂的牧民进行工作。

不过，假如儿童是因为性格问题没有成功，在成功之前，第一步要做的是完善自己的性格：如果是嗜酒的人，就要不再喝酒，让自己保持清醒；如果是触犯法律的人，就要改正错误；假如想法污秽，就要转变思想，成为拥有纯净灵魂的人。只有达到这样的要求才会再次成功。

到底人类能不能做到彻底转变呢？在基督看来，这也许可以。这

是要靠我们自身的努力的，并不是靠着圣经的引导。

“你怎么看待圣父？”这个是首要回答的问题。这个问题，不是单靠圣父的精神力量进行解决，还需要圣父的精神传递到每个人的心里，这样才能彻底转变。

大部分的人都觉得命运是靠自己掌握的，比方说让那些身体上或者精神上有病的人站起来走路，让他们拥有力量以及审美的能力。

然而，这些只有有钱人才能做到。不过，还有一些有钱的人也觉得我们不能改变我们的思想。

下面我列举一些所谓的奇迹。奇迹的意思是在短时间内做到彻底的改变。这样的转变可能是在挽救世界的时候才会发生。

有些人一辈子都不会获得奇迹，不过，跟他们的能力还有他们懒惰的思想没有关系，这个是因为奇迹超越了规律的变化。

我们不能解释奇迹是不是真的，也不能证明那些事例是不是真的，更不能把基督完整地表述出来。

但是，对一些事例当中的情况，我们还是相信的。我们现在对这些例子没有进行深入研究，所以我们对于事例的研究会发生一些转变。

许多人喜欢彻底改变自己的生活，现在让我们听取一下他们的意见：人类出生开始就有向恶的性格。

如果说父母都嗜酒，那么儿童就会按照这个模式进行生活。所以在一些国立学校中，可以看到学生喜欢骂人。

儿童的这种行为，也许是父母的原因，更深一步，或许是祖父祖母的原因，关于这种现象，我们没有办法进行解释。

不过，我们要重视这个现象，不然的话那群不想思考的人就看不到它的严重性了。

第一，有人认为这是遗传的问题，这就很容易与其他情况混淆。例如说，有的人觉得儿童是遗传了父母的行为，并且这种行为很糟糕，让人无法接受。

更严重的是，父母只遗传了这点给儿童。这个时候，人们就开始这样认为，父母觉得这个是没有办法改变的事情，尽管原来他们很想重新教导儿童。

有的人过分重视了遗传。事实上，我们可以用平常心看待遗传这件事情。虽然在最初训练的时候，人们有些不认同，虽然最开始的时候，训练是为了让那些遗传了不好行为的儿童进行转变。

大部分人觉得，习惯是很不容易改变的，这个算是第二天性，习惯对我们的成长有不好的影响。

最开始的时候没有什么，不过到了后来就难以改变了。大家会说："嗯，你做着做着就会习惯的。"

在看到这些的时候，你有改变的决心吗？这种不只是在说话或者是做事的时候可以看到，最难转变的是人的想法。

我们的想法会决定我们的性格，所以我们是不是可以说我们的想法都是不对的呢？

虽然说是天性，不过我们还需要进一步了解习惯，还需要知道习惯是如何得来的。习惯就是神经的自然反应。

习惯的形成：大脑适应了重复的反应，然后进行记忆，接着就有了一种没有变化的思考方式。

我们知道，我们的情感是在心理的控制下发生转变的。例如说，根据习惯，人们会在同一件事情上有喜欢或者厌恶的不同情绪。

我们不知道这种思考方式怎么得来的，也不知道怎么进行探索。不过，我们既然有了这样的思考方式，就一定要考虑这个问题，人类错误的思想与遗传无关，是在习惯的作用下发生变化，我们进行转变的训练有用吗？

那些作家在无意识中会写出一篇可以直接出版的好文章。我听说一个律师，在梦中有了辩护的思路。一个数学专家，在梦中找到了解题的思路。

这些事例表明，面对一件事情，自己的思维是最重要的，在不断思考的时候，大脑跟思维就联系在一起了，这个时候，大脑就可以自己进行思考了。

不过，这种方式不会以固定的速度进行，这就好比是一辆靠着惯性行走的车，它会自动沿着公路往前走。这个太让人惊讶了。

不过我们也不是了解得很清楚，我们只明白，思维是不断进行的，我们在任何时候都在思考着。

就像是我讲的规律，我们觉得它是对的，原因是那些让我们烦恼的事情因为这种想法，让我们变得轻松了；但是这种规律也是很不好的，我们没有办法约束它，也没有办法按照这个规律思考出我们想要了解的事情。

这样一来，我们还能挽救那些有错误想法的人吗？不对的想法在他们的大脑中运转，并且一直不停地前进。他们还可不可以回到正常的轨道上呢？

那些不能控制的想法一直不停地在自我思考中，然后就变成了错误的想法，我们进行的思想转变的训练还有效吗？上面的那些都对这个训练有消极影响。

» 培养孩子的健全人格比什么都重要

在教育中我们要帮助孩子学习各种认知的能力，我们要帮助他们塑造健全的人格。而对于教育者们而言，这两者哪一个更为重要呢？

如果说，遗传能够决定人的个性，并能够随着人们的成长而不断地自我完善，那么教育自然也就失去了它存在的意义。但事实上并不是这样，孩子不可能仅仅依靠遗传的那些人格而最终取得成功。

即使生活中有很多的人过分相信孩子原本拥有的特质，并放任他们发展，但这些发展的结果都不是那么的让我们满意。

虽然造成教育得不到足够重视的因素有很多，比如过分信任孩子可以在自己营造的环境中健康成长，或者是由于父母太过忙碌而忽视了教育。

而其中不乏有人相信遗传的因素，有些父母的品德很优秀，所以

自然而然地就会认为他们的孩子一定不会很差。但遗憾的是，现在的一些事实很不尽如人意，甚至极大地超出了大家的预期。

难道这些孩子没有遗传到父母的优点吗？虽然他们很可能在某些艺术方面表现得极为突出，但不幸的是，他们没有形成健全的人格，在教育的过程中缺失了某些内容。

汤姆是有些倔强的孩子，难道我们就认为他的父母也是倔强的人吗？就此可以推断出，汤姆的父母都会是自私的人。这个推断恐怕是错的。事实上也正相反，他的父母热心地帮助邻居，还经常邀请孩子去家里分享玩具和美食。

我们再来看看玛丽，她是好动的孩子，她的热情只可以维持5分钟。母亲对此经常说："玛丽和我小的时候一样，等到她长大了就会变好了。"

范尼在不会说话的时候，就可以在自己入睡之前哼西西里圣歌了，而这其实是保姆用来哄她入睡的歌曲。

有时我们发现孩子具有了一种能力，以为是来自于我们的遗传，但实际上很可能只是来源于他长时间地接触这件事情。在这样的情况下，我们也要对孩子的这一方面进行相关的训练，以巩固他们的这项能力。

有一个孩子常常问很多稀奇古怪的问题，甚至于拿宗教来开一些玩笑。平常的时候，他会管自己的父亲叫"汤姆"，想表达出对于父亲的尊重。

但是他的家长是极其认真的人，他们不认同孩子这样放任的做法，觉得应当而且必须受到一定的约束。父母把"让你怎么做你就怎么做，不要再提问"作为孩子的行为准则。但终有一天，父母会发现这是错误的。

我们知道，以前农民们在种地的时候经常说，他们是"靠天吃饭"，因为他们缺少各种先进的设备，如果遇到干旱或者大雪的灾害天气，收获的粮食就会很少。

这如同没有X光学应用于医学领域，我们就无法探知我们身体的内部到底有何种异常一样，这些都是科学带给我们的进步。

但是新的教育方法却不是所有人都可以接受或愿意实践的，因为这些教育方法和理念往往推翻了我们以往的教育方式。

比如在帮助孩子完成记忆时，我们以往总要求孩子反复地诵记，一遍遍地摇头晃脑地诵读；而我们现在则是选择关联法，帮孩子构建记忆树。这样就会引起质疑，不去反复读和背诵，真的可以让孩子记牢吗？

这就需要我们的家长们改变原有的思维方式，更新我们的思维。正如我们明明看到了孩子由于继承了先祖基因里的一些恶的因子，却表现得无能为力。“这是他天生的，我们家的人都懒。”以类似于此的借口帮助孩子，也帮助自己进行开脱。

而其实这些看似天生的弱点是可以通过我们的努力帮助孩子弱化的。这就需要懒惰的父母们首先勤劳起来，只有勤劳的身影才能影响孩子改变。先不说孩子会无形中模仿家长的行为方式，单是和孩子一起战胜缺点这一点，就是很美好的。

有时，孩子因意识到自己做错了事情而感到不安。这时父母选择了较为严重的惩罚措施，结果是怎样的呢？孩子可能会表现出愤怒和反抗，惩罚也就不能起到恰当的作用了，相反激发了孩子很强的逆反心理。

让我们和孩子交流吧，当他们主动承认自己做错事的时候，试图冷静自己，也让孩子冷静下来。我们可以放弃那些暴力手段，而选择冷静处理这件事情，让孩子自己选择对所犯错误承担相应的责任。明智的家长终会意识到，你的冷静会对孩子起到更加强大的约束作用。

在我们对于孩子多年的教育的过程中，我们借助科学，已基本掌握了孩子身心发展的规律，以及他们思维发展的特点。我们应当很好地利用这些研究的结果，以此为据，对不同成长阶段的孩子制订出适于他们的成长计划。

我们必须承认，有一些家长对科学存在质疑，尤其当发现某些运用科学教育孩子的实验失败之后，他们往往会选择转身就走，并坚定

自己原有“放羊式”的教育理念是正确的。科学只会使教育变得更加复杂，除此之外没有任何的益处。

对此，我们只能表示可惜。因为家长选择的失误，而耽误了孩子今后的长远发展。很多家长已经意识到了问题的严重性，所以他们到处去请教那些培养出优秀人才的父母，是如何为他们的孩子制订出科学的教育计划的。

现在的我们已经意识到早期教育的重要性了。在孩子牙牙学语的时候，母亲就会陪伴他们进入亲子的游戏乐园，让他们在和母亲的互动中感受到温暖，以及学习到新的技能。这较之之前的教育来说已经拥有了很大的进步。

自莎士比亚到司各特，没有人尝试过去写作儿童作品；狄更斯虽然尝试过，但最终也没有书稿问世。现在孩子拥有的内在潜力我们要努力地帮助他们挖掘出来。

随着时代的进步，孩子的世界自然也就不断地进步着。他们继承着我们的品质。我们应当在他们的成长过程中，不断帮助他们完善自己的人格。这些人格会在今后他们自己探索的时光中起到巨大的作用。健康的人格会帮助他们辨别哪些事情可以做，而哪些事情不能做。

请不要再溺爱你的孩子了，我们要尊重他们，但是需要给予他们正确的引导，否则孩子将得不到正确的发展，将会迷失于道德的沼泽之中。可爱的孩子，在父母优秀的帮助下，会继续发挥他们至真至纯的本性，并最终走上通往成功的康庄大道。

» 主动发现孩子身上的优秀品质，并加以引导

父母发现孩子表现出某些优秀的品质时，就会表现出十分的重视和爱护，我们会不断地鼓励孩子。这些肯定的情绪，通过话语以及肢体上的动作传输给孩子，孩子感受到了小小的成就感，就会更加努力，可能就会在美术、音乐、舞蹈、写作某一方面崭露头角。

孩子就如同娇艳的花儿，一方面是由于他们天生具有像花一样的

惹人喜欢的面孔，另一方面他们需要我们精心地培植方能鲜亮盛开。

因为小雏菊易于生长，所以我们可以经常在路边看到它们；因为郁金香对于温度、水分的要求相对严格，则需要精心地照料才能开出可以包围着精灵的花朵。

越是优秀的孩子越需要家长们的用心。或者我们可以说，孩子成功与否在一定程度上就取决于家长对其投入的精力的多少。所以就会有很多的母亲为了陪伴孩子成长，而放弃了自己的工作。当然，我们在此并不是要劝说所有的母亲都要为了孩子而完全牺牲自我。

现在我们知道了，无论是思想、品格、智慧等哪一方面都是需要家长们给予孩子精心抚养的。

而我们要帮助孩子形成某种优秀的能力的时候，首先需要家长仔细观察孩子，发现他所具备的较其他方面而言更为突出的能力；其次就是要鼓励孩子多加表现出这项优秀的能力；之后要帮助孩子创造出更加宽阔的发展空间；最后，也是最为重要的，反复地不断地进行练习，来强化这一能力。

当你拥有这样一个拥有某种优秀能力的孩子的时候，作为母亲需要的就是首先发现孩子的这一特质，并不断地鼓励他，并积极地给予孩子肯定，只要是孩子感兴趣的都可以教他。拉丁语的词尾变格在他看来可能就如同玩跷跷板一样简单，并且他高兴地游戏其中。

在孩子表达自己的思想时，我们要保持平稳的状态，既不要急于帮助他们选择，也不要否定他们的意见，要使他们真正地表达出自己的想法。

在孩子的世界中，一切都是有自己的色彩的。**我们应当跟随着孩子的脚步，跟随他们的想象，让他们真实地表达自己的思想。**只有把自己的思想表达出来，才能够让人们接受。当孩子的思想被人所认可的时候，他们会无比兴奋，并勇于实践。

而在孩子学习语言的同时，请为他们增加一些新的知识。让他们

去书海中阅读吧，让他们去触摸泥土吧，只有在这些亲身的活动中，孩子才能够得到身心的愉悦，才可以开阔视野。

带着你的孩子去旅行吧，去亲近大自然吧。在这些清新的自然之中，孩子会无意识地把他们所感知的美好融入他们的学习之中。

当我们增加了孩子的活动范围和活动方式之后，就可以使他们心情愉悦，身体强壮、精神轻松地完成他们的学习。让他们去感受精彩的世界，去观察花儿慢慢地开放，小鸟破壳而出的欣喜，以及各种小动物们是如何在大自然中成长的。触摸大自然的奥秘，让孩子神清气爽。

伟大的发明家，从小都喜欢观察周围的事物，甚至为家里搞一些破坏，他们会研究凳子是怎样拼装成功的，电视是怎么发出声音的等等。这些都激发了他们的好奇心。

作为家长的我们，所要为孩子做的，就是为他们提供各种素材，让他们永远保持自己的求知欲望，这样孩子就会自己主动去思考。

我们需要通过游戏、讲故事等来调节孩子枯燥的练舞时间。我们要转移孩子的注意力，其最为根本的就是让孩子做一些轻松的，并感兴趣的事情。

比如画一幅自己想象的漫画，在园子里自己翻一翻泥土，或者是和家里的动物们游戏一会儿。这其实并不是休息。但对于孩子来说却算得上是愉快的事情了。

正像我们成人世界中一样，当我们一直在键盘上敲打的时候，会感到十分疲惫，我们需要休息，需要到其他的地方走一走，让手放松一会儿。

这其实是我们的身体机能在不断地恢复，修复完成之后，我们自然就又可以很好地工作了。孩子也是这样的，所以适当的休息和放松是很有必要的。

如果我们让孩子长时间做一件事情，那么孩子再喜欢做的事情也会使他们感到厌烦。但我们要保证休息的前提是完成了一件事情。因为对孩子而言，打断一件正在做的事情而去游戏，当休息回来时他们并不能继续顺畅地完成这件事情，恐怕要重新来做了。

让他们适当地休息，享受嬉戏的时光吧，在这段时间中，他们同样在成长。

十分有钻研精神的孩子，他们可以拿着一些组装的部件花上几个小时努力去完成它。长辈们都夸赞他很有自制力。

但在这里我们要指出的是，在这个过程中我们要适当地打断他们的思路，把他们从实验中解脱出来。因为无论是愉快的还是焦急的情绪，占据他们的思想时间过长，对于大脑来说都不是一件有益的事。我们要让大脑休息。

当我们太沉迷于一件事的时候，不顾一切地完成它，最后的结果可能是我们再也不想去碰触这件事情了。这样的经历我们都有。

各种经历告诉我们，**大脑长时间地完成一件事情，带来的结果就是疲倦无比，不堪重负**。而在思索中如果我们分了等级就会发现，道德上的思考要远远困难于知识上的思考。

就如同哈姆雷特，他总是把自己放入一些思想的困境中，慢慢地沉沦于这些漩涡之中，最终不能自拔，而人也就变得十分的古怪了。

怪癖是一种隐患，父母一定要注意这一点。通常情况下，当儿童偏向于执着一个想法的时候，怪癖就出现了，在不断的训练之后，这种情况就会变得更厉害。儿童的思考能力一旦没有了支撑点，那么儿童的性格就变成了怪癖。

阿诺德曾经说过，不管写诗的人取得了多大的成就，一旦拥有怪癖的性格，那么他的日常活动就是很糟糕的。

假如有一个人做很多的事情都跟其他的人不一样，就算这个人非常聪明，有很多特别的想法，他的生活也井井有条，不过在别人的眼中，他还是跟大家不一样。

事实都这样了，可是还有部分人会让自己的行为变得特殊，造成这种情况出现是有很多因素的。

假如母亲观察到儿童的一些行为异于常人，那么母亲要采取什么措施进行阻止呢？儿童不爱活动，也不爱跟别的小朋友一起玩，就连他自己也不明白怎么会有这样的事情发生。

这个儿童是值得我们同情的，在他的内心当中，他希望有谈心的朋友，也想跟佣人或者是自己的亲人和睦地在一起，不过没有出现他想象的情况。

假如说我们不管他，让儿童自由地生长，这个时候，儿童就会认为没有人爱自己，也没有人想要深入了解他，所以，他会感到很孤单，也很伤心。

这个时候，母亲如果非常聪明的话，她就会陪在儿童的身边鼓励他，然后帮他走出这个阴影。

现在我们知道了，儿童会出现怪癖通常都是儿童本身的原因，比方说天性如此、性格是这样、有很大的野心或者是家族荣誉等等。

其中对于家族荣誉的追求让我们觉得一个刚刚开始成长的儿童不可能会有这种想法，我们会觉得琢磨不透。

罗莎喜欢活动，不喜欢坐在一个地方，她也不喜欢自己现在的日子，不管是做课后训练还是玩游戏，都让她感到厌烦。

罗莎的爸爸是一个懂得欣赏艺术的人，爸爸想让罗莎学习缝纫，以便能改掉她不好的行为。到了最后，罗莎身上的怪癖没有了，她最后也成了一个艺术家，这个太让人开心了。

在家族荣誉这个方面，父母要亲自教导儿童，要让他们变得谦逊起来，让他们觉得自己努力之后就会为家族增添荣誉，也会成为其他人的标杆。

这个时候，家族荣誉成了儿童努力奋斗的目标，我们把这叫作“贵族的天性”。那些来自拥有很多荣誉的家族的儿童，一定要拥有与荣誉匹敌的成就。

在我的朋友中，有一个人叫布朗宁·牛顿，这是个非常有成就的科学家的名字。这个时候他进了一所犯了错误就把名字记到批评栏的校园中。在家族中的兄弟也来到这个校园中的时候，他在心里下定决心："以后再也不会犯任何的错误。"

假如我们的生活一成不变，那么也可能养成怪异的个性。有的时候我们会觉得做事情没有意思，不过这种感觉到了聪明的、感知力强的儿童那里，对他们就是很沉重的打击。

"假如我去到了木星上，绝对非常棒。"一个在现在的生活中觉得乏味的儿童居然有了这样的想法。

人类的天性就是找寻刺激以及得到欢乐，这一点一定要引起父母的注意。假如说儿童在正常的训练中没有找到想要的东西，那么有的时候他们会找一些怪异的，或者是不符合常理的事情填补自己的渴望。

在母亲的眼中，儿童就如同一本书，母亲要进行反复阅读，然后找到书中的含义。

假如一个人每天要承担很多的事情，那么他协调各种事情的能力一定很好。如果碰到的是个儿童，我们要做的仅仅是选择一个目标让他努力。

虽然说儿童天生会做很多事情，不过最关键的事情，就是教导他们人类最基本的品德。

曾经有一个理论家讲过："我们要奋斗的是那些具备价值的事情。"假如我们用这样的想法教导儿童，他们在生活中就能找到自己渴望的东西，并且会觉得生活是一件让人开心的事情。

不过，我们要让儿童的心理一直保持在追求上，就一定要让他们吸取一些知识，比方说关于机械方面的知识。

实际生活中，假如儿童一直有一件特别喜欢并且一直追求的事情，我们也就不用担心儿童会出现怪异的行为了。

我们的确要好好重视一下怪癖这个问题。这样一个不好的问题可能会让我们失去很多东西。本来生活得好好的人，在有了怪癖之后，就会变得难以接触。

» 对孩子进行全面的爱心教育

我们都知道，人的性格是很难改的。布思将军所进行的训练让我们清楚地看到了这一点。

有的时候，儿童在家里听自己的父母讲一些关于爱心的事情的时候，他们关于爱心的理解也会有很大的变化。

不仅这样，父母对自己做出的不正当行为，也要进行思想上的改变。我们到底要做多少事情，才可以让心灵变得平和？那些品质不好的儿童要想走上正途有没有希望？我们一定要知道这些问题，而且知道答案是对还是错。

我们关于爱心一定有两种认识，不是正确就是错误。不过，这样一种训练可能会让我们走向不正确的轨道，并且一直作用于我们的生活。

我们关爱自己的弟兄，这个事情让我们轻松地看到了自己本来的面目，同时我们在内心当中知道了我们不仅关爱自己的弟兄，也可以关爱其他的患病的人。

人类之间的那种情感不是假的。不管弟兄是道德高尚或者是败坏，不管他们健不健康，我们都关爱他们。

不过，大部分的人也会出现信任危机或者是道德危机，如果我们愿意帮助他们，我们的博爱也就自然而然地体现出来。我们讲的心灵受到打击的弟兄不只是我们认识的所有人，当中还应该有我们本身。

可以让我们从错误的深渊中解放的人，就是我们要感谢的人。

在激动的心情下，我们做了这个训练，不过我们仔细想想，这么做是对的还是错的呢？在进行这个训练的时候，我们想一下，这个跟以前的训练一不一样呢？

最初的时候，我们没有觉得这个训练会胜利。在我们的心里，这种训练让我们获得了很多，不过之前没有注意到罢了。不过，我们在完善这个训练的时候，要采取一些特殊的方式。

到现在，我们也引导了很多做得不对的人们，但是他们依然在错误的路上。有很多人都做错了，我们能够挽救的只有很少的一部分。

在挽救的时候，我们的力量是多么的渺小啊！不过就算是这么小的力量，我们也没有办法保证一直存在。不仅如此，因为我们的帮助还有可能使他们不再考虑自救。

假如我们建立一些公司聘用他们，他们是不是可以自己进行救赎了？不过，这些公司也是在同情的基础上建立的，它们的存在会影响那些正规的公司。

大部分的人类在一定的时间内获得了挽救。关于到底谁获得的收获最大这样的讨论，那些有自己思想的人不想参与进来，在他们看来，自己多做一些工作比任何事情都重要。

我们面临很多事情，不过挽救的方法只有几个。但是，观察这个训练，全部的人都已经整装待发，例如说训练的对象、训练的工作方式、训练人员的安排以及训练的规则等。

就算是没有什么信心的人，也觉得这个训练也许有效果。不过他们还是处于疑惑当中。

» 意志力越坚强，孩子成功的机会就越大

我们需要培养孩子的意志力，并且让孩子对世界充满好奇和美好的感觉。这样，孩子的生活才会有激情，孩子才会对一切都满怀期望。

所有的这些都是每一个家长的责任，家长有责任让孩子对未来以及一切都感觉到美好，并且愿意去探索这个世界。

对于意志，任何人都没有办法进行详细的描述。但是，我们对此却有着十分清晰的认知。可是，在意志的问题上，家长和老师似乎出现了一些不正确的表现。

在关于意志的教育中，似乎存在很多缺陷。我们看现在的孩子，可能他们有些爱心，他们会去关爱小动物以及去关心弱者。他们会去相互帮助，他们会因为想获得某些荣誉而不断竞争。

但是，大家仔细想一下，这些似乎和意志并没有任何关系，这有关系吗？没有，我们没有看到任何意志的影子。

这样的结果只有一种，就是一个人一辈子都不可能有任何接触到意志的机会。这是非常正确的，可能你这一生都非常幸运，没有遇到任何风浪，也不会接触到任何有关意志的考验。

另一方面，或许你生活非常贫穷，已经适应了这种社会生活的状况，也没有任何意志的追求，也不需要接受任何意志的考验。

柯勒律治我们都听过，是一个非常伟大和了不起的人。我们很多人都听过他的演说，并且对他的思想由衷地敬佩。

但是，就是一个这样的人物，也没有任何意志力，直到晚年，他的任何行为都需要别人的帮助。所以，我们需要明白，意志力是一种无关智力的能力，不是说你智力高，就一定代表你有非常高超的意志力。

一个人的性格有时候跟一个人的意志力有着十分密切的关系。**一般极具性格的人，在另一个方面可以说明这个人有着极强的意志力。**这说明二者有着极为紧密的关系，也是难以分离的。

我们每一个人的意志都与我们的欲望是紧密相连的。当一个人想要获得某些东西的时候，就会产生一种欲望，这种欲望就会促使他形成一定的意志力，并最终朝着这个目标努力奋进。

这就很像我们有时候看到的小说，但是这是一个意志力的反面教材。小说中每一个恶魔都拥有极强的意志力，他们有着非常明确的喜好。但是，就是因为这种意志力过于坚定，从而激发了他们心中的邪念，使他们走上了犯罪道路。

这也是正常的，他们内心有着极强的自我诉求和认知，并且希望自己可以完成这种目标。但是，就是因为这种欲望，使他们的内心出现歪斜，从而出现偏差。

这就好比一个国家，如果国家没有任何秩序任由其随意发展，那么，这个社会将会混乱不堪，没有任何秩序可言。

我在此要讲意志力这个问题，就是不希望家长再陷入之前的盲区，对于意志力问题没有一个非常正确的认知。

我们可以举一个非常简单的例子。当一个孩子在玩自己的玩具时，却被父母无情地打断，他们哭闹，希望自己可以继续玩自己的玩具。很多父母将孩子不停的哭闹当成了一种意志力的表现。

还有很多，比如在马路上，孩子在发脾气，不愿意过马路，很多家长也把这种行为等同于意志力，以为这是孩子的意志力培养过程，不要打扰孩子，让孩子自我发展，这是一种非常错误的观点。

还有一种观点认为，孩子这是无理取闹，我们应该对孩子的行为进行强制性的约束，不能让孩子这样继续下去。

其实，这个事情孩子更多的只是一种意志，还没有上升到意志力，更加不可能去形成非常强大的意志力。这完全是一种无意识的行为，更是一种任性。因为他们正在做的或者是喜欢做的事情被打断，而引起了内心的不满。

这些行为是每一个孩子都会出现的，但是，在面对这样的状况的时候，家长应该对孩子进行正确的引导。同时，对于孩子的行为，应该予以关注，并且告诉孩子什么是正确的，什么是错误的。

这样就会对孩子产生一定的影响，这样才会激发孩子内心的意志力。孩子在受到这样的引导之后，自己的内心也会逐渐地强大起来，并且知道自己发展的正确方向。

任性是一种非常不好的行为，是孩子处于父母长时间的溺爱中所表现出来的一种状态。

任何孩子在任性时，都是非常没有控制能力的，什么事情都是按照自己的喜好来，不会关心和在乎别人的观点和看法。这是一种极为自私而且又非常狂野的行为，几乎没有任何意志可言。

但是，对于意志而言，也并不是所有的意志都是非常优秀的，有时候优秀的品质，在某些时候可能并非是好的。

对于我们来说，必须非常清楚地了解意志是如何对一个人产生作用的，只有这样，我们才可以清楚关于意志的状况。

在生活中，我们可以将一件自己喜欢的事情作为一个标准或者原则，以这个标准去区分所有的人或者事物。同时，作为一个社会中的人，我们需要学会判断和分析，只有这样我们才能分析任何一个自己所处的情况，才能让自己走向成功的道路。

然后，我们就需要了解孩子的内心，对于内心世界怎样才能让其明白所有的道理呢？这些知识是要我们通过权威，让孩子去执行、去明白吗？或者是让孩子通过一些事实去了解呢？到底应该怎么做呢？这是事情的关键所在。

我们再给大家举一个例子，当一个孩子或是婴儿突然一下子摔在了地上，我们应该怎么做呢？很多人都会马上过去安慰他，并且给予他关怀和拥抱，这样的结果反而使孩子哭得更厉害，几乎没有任何成效。

如果是一个非常有经验的人，他可能不会这样对待孩子。当孩子摔倒之后，他不会马上出现，而是等待时机。当孩子哭到一定程度的时候，他会走上前去，告诉孩子窗外有很多好玩的物品。

这样，就成功地转移了孩子的注意力，让孩子一下子就忘记了刚才的疼痛，转移到新的事情中去了。

这就是明智的人的做法，他们并不会让孩子再次去想之前的疼痛。他们让孩子把注意力成功转移到另一个事物之上，这个事物首先必须能够吸引孩子注意力。只有这样才能让孩子从内心开始接受这件事情，并且从之前那件事情中转移出来。

对于所有人来说，有时候会对一些非常困难的事情，拥有极大的热情。因为在做这些事情的时候，几乎是发挥和调动了他的所有能力，并且在做这种工作的过程中，他也获得了极大的满足感。

这种满足感是在一般工作中所难以寻找和体验到的，带着这种感觉，任何苦难和工作都不再仅仅是一种工作，其中的快乐也只有自己可以体会。

有时候，在生活中也会面对很多对自己的不公平和对别人不堪的言语。对于这些语言，很多人都会有所准备，再遇到别人冒犯的时候，会用这些话语进行还击。

但是，**作为一个拥有极强自制能力以及意志力的人，他们是不会轻易对别人的任何攻击进行反击的。**他们会想一下别人说的话语，并且强迫自己去转移思维，去想一些其他的事情，避免冲突的发生。

这时候，可能每一个人的选择都会不一样，有的人会想去读一些书籍，有的人会想写一些东西。但是，不管做什么，他们都用自己的方法，将这种怒火暂时压制下去。多年之后，当他们再想起这件事情，似乎一切都已经过去，没有任何怨意可言。

对于任何一个人来说，都需要变换，去体验不同的生活，只有这样才能体会到不同的快乐。如果长时间面对同样的问题或者一件事情，可能已经没有任何激情，也没有任何意义可言。但是，对于一个拥有非常坚强的意志的人来说，是不可能出现这样的情况的。

对于任何一个意志坚强的人，他可以在这个过程中不断寻找自己想做的一切，并且会从中得到自己的快乐和幸福的感觉。

虽然，我们还不能非常清楚地明白这些意志是如何在人的内心起作用的。但是，如果孩子可以明白之前那些内容，就已经是一件非常了不起的事情了。

对于某些人来说，可能仅仅让他们在一个环境中，思考一些时间问题都是非常困难，更不用说其他问题了。这是因为他们从来没有在内心考虑过这些事情，也没有集中过思想去思考这些问题。

这里更多的是强调孩子的注意力，只有当一个孩子拥有很强的注意力的时候，才能够对孩子进行进一步的练习。

这又让我们想起了酒鬼，对于我们来说，他们就是一些意志能力非常薄弱的人。虽然他们不愿意让自己一直处于这种醉酒的状态之中。但是，由于他们自身并没有很强的意志力，他们根本无法抵制这种酒

所带来的美味。

这是一种非常矛盾的感觉，也让人感觉到十分困惑。

作为家长，有责任让孩子成长得非常完善，并拥有坚强的意志，这是每一个父母所应该做到的。

当孩子正在为一件事情感到非常狂躁不安的时候，如果是一个有经验的母亲，会提醒孩子应该保持自己的状况，尽可能去避免不该发生的事情。当接到这样的指令时，孩子也会顺势安静下来，并且让自己尽可能忘记刚才的不愉快。

可以这么说，只要是一种非常正确的行为引导，对孩子的帮助是非常巨大的，胜过任何一句不切实际的说教。

» 教孩子学会如何分辨对与错

我们之前是对孩子的意志进行培训，希望孩子能够培养十分坚强的意志力。在培养好意志力之后，就需要对这种意志力进行一种控制。这需要的是人内心的善良，或者说是一种良知加以控制，希望这种内心可以实现意志力的良好发展。

很多父母都认为不需要对孩子进行任何指导，孩子可以凭借自己的内心进行发展。他们认为孩子的内心是非常善良的，不会带着孩子走错路。所以，对于孩子的成长，在很长一段时间，他们都放任自流，不加以任何管束。

但是，我们需要明白，良知是好的，并不一定就会引导孩子向正确的方向发展。很多情况下，良知都处于一种非常模糊的状况之下，又怎么会将孩子带向正确的方向呢？

我们一直强调良知是人类善的一面，但是，孩子也需要我们的引导，才能很好地辨明何为善，何为恶。只有很好地辨别出这些内容，才能够很好地运用良知。

对于孩子来说，他们还处于成长阶段，各方面都需要进行完善。在这个过程中，就需要我们对孩子进行教育和帮助，让他们可以形成非常坚强的意志和正确的良知。

对于孩子的良知教授，我们可以做什么？我们应该做什么？我们能够做的，就是让孩子非常清晰地辨别一件事情的正确或是错误，了解这件事情的邪恶或者善良。

每一个家长都愿意对孩子进行道德和品德上的教育。因为，在他们看来，这对于孩子的成长是非常关键的，会让孩子养成非常优秀的品质。

在很多时候，孩子会对道德方面的事情问很多问题，但是，大人们用他们的话语向孩子解释后，孩子却听不懂这些大人在说什么，也不知道到底怎么做。

有时候，孩子的行为让家长非常担心。他们的孩子会去偷一些东西，有时候还会和别的孩子打架。

这些行为都让父母感到不安，他们认为孩子已经变坏了。其实，不用过分担心，这个时候孩子并没有形成自己非常健全的认知，他们还是按照自己的感觉去做事，只要对孩子进行正确的教育，孩子是可以改掉这些习惯的。

曾经有一件事情，让我感触很深。一个只有 12 岁的孩子，却即将走到生命的尽头。可是，她一直认为自己犯下了一个非常严重的罪过。这个罪过一直让她拥有负罪感，并且非常难过。

因为在一次祷告中，她没有按照正确的方式跪在床上。这种想法在大人听来可能是很难理解的，但是，对于一个孩子来说，由于没有建立一个非常明确的认知系统，也不知道如何分辨事情的严重性，所以会因为一件非常小的事情而懊恼很长时间。

如果一个孩子可以了解这些内容，并且大人可以对他们进行正确的教育，他们或许就不会因为这些事情而感到非常苦恼和郁闷。

对于家长来说，在孩子的成长过程中，有责任告知孩子，哪些事情是可以做的，哪些是不可以做的。

家长应该用孩子可以接受的方法，向孩子讲述道德以及自身的责任问题。同时，在实践中不断引导孩子什么是正确，什么是错误。这样可以使孩子的心中有一个非常明确的认知，他们会知道自己应该怎么做，也知道什么事情是正确的，什么事情是错误的。

对于一些人来说，他们可能并不认同这种方式，他们可能认为这是一种非常不正确的行为。可是，我想说的是，任何所谓的教化或者一些道德上的东西，难道不是在这种秩序的约束中实现的吗?

对孩子进行的教育，并不仅仅是希望孩子可以掌握知识，而是希望孩子真正明白自己的道路，树立正确的人生观和价值观，这才是最终的目标。

» 培养孩子内在的秩序感，做事有条理

之前讲过的让儿童生活的地方保持洁净，我们也可以采取让儿童遵守自然的规律，然后形成做事有条理的习惯的措施。

不过我们一定要记住的是，在儿童生活的地方一定不能有残破的家具，不能有残缺的被子，不能有不能使用的那些玻璃瓶。

我们要让儿童明白，当一个物品不干净了或者出现残缺的时候，就会影响整体的美观，这个时候我们要用一些美观的干净的东西代替它们。

这是一个很有用的方法，大部分人都明白，假如说孩子或者保姆把一件物品损坏了，这件物品就会成为没有用的东西，所以在活动的时候一定要多加小心。不管怎么说，让儿童在那些不干净的、不漂亮的环境中成长是不对的。

大人愿意帮助儿童做许多事情，这也是儿童不约束自己行为的一个关键所在。

我们来讲一下儿童做事情遵守秩序这一点，我们都明白，儿童在每天的生活中都会制造很多垃圾，他们把这些垃圾弄得到处都是，有的放在了屋子里，有的在院子里，有的在活动室等等，这些都要大人

帮忙捡起来再丢掉。

我们看到儿童不玩了之后，到处都是玩偶，或者是颜色不鲜艳了的花朵，这表明在孩子的心中有一些伤心的事情，这个时候，我们觉得非常同情他们。

现实中，我们不会让这种乱丢垃圾或者是物品的行为存在。我们经常说一个全职妇女收拾得不够好，家里非常脏乱，显然，这些是孩子母亲要负责的事情。

假如说一个家庭主妇没有一个干净整齐的习惯，这对整个家庭来讲都不是一件好事，这就违背了女人的天性。

虽然这样的坏习惯跟家庭幸福与否没有直接的关系，不过这样脏乱的环境始终会让人很难受。在很小的时候，她就拥有了这种不好的习惯，在成长的过程中，这个不好的习惯没有消失，我们应该对这种女人进行苛责。

在孩子 2 岁左右时，等到孩子不想再玩这些玩偶的时候，一定要告诉他们把玩偶放到原来的地方，这种教育进行得越早越好。

当孩子把柜子的门打开，然后把自己的玩偶以及其他的物品按照一定的规律进行摆放的时候，孩子的心情是愉悦的，这也可以变成儿童活动的一个方面，这样，他就会下意识地自己收拾自己玩过的东西了。

让我们感到吃惊的是，这种按照一定的规律做事的训练，不久就可以成为一种习惯。在这之后，儿童觉得自己摆放物品是一件开心的事情，而不按照规律进行摆放他们会觉得很难受。

假如说，在父母看来，儿童在活动室形成的习惯能成为终身的习惯，那么就不用在家庭中进行额外的训练了。我可以很肯定地讲，这种想法不正确。

这就好比是把钟表的节奏调快了，但是假如我们不给予钟表外力了，在走快几圈之后，钟表的速度就会变慢，然后又回到原来的样子。因此，我们在帮助儿童养成一种习惯的时候一定要持之以恒，也需要我们耗费多一点的时间。

整齐跟有条理的意思差不多，不过有一些细微的差别。整齐的含义是“在固定的地方，把东西放到指定的位置”，这个含义还包括把物品摆放到应该摆放的地方，可以让人觉得很漂亮。说白了，这一点是个人的艺术素养在影响我们的活动。

女孩不仅仅要把花放到花瓶中，并且一定要放得很漂亮，当然放置的容器不能是一个不漂亮的杯子或者是一个残破的水瓶，又或者是一个特别难看的花瓶。

她应该找到一个做工细致、图案漂亮、颜色也很好的大口瓶或者是花瓶才是正确的，尽管这些花都不是贵重的东西。当然，我们对于活动室的要求是整齐，整齐的含义就是让人觉得开心，并且摆放得让人觉得舒服。

我们一定要让儿童把自己使用过的物品重新摆放得非常整齐。这个时候，我们需要给儿童提供精美的书籍或者是做工精细的玩具等。不然的话，那些做工不好的东西会让儿童的欣赏水平下降，有的时候会让儿童变得只能欣赏做工粗糙的东西。

换句话说，我们不知道只有那么两件做工很好的物品，会对儿童的欣赏水平有什么样的作用，尽管在我们的心中，这些物品只是不太贵重的东西罢了。

在对儿童进行早期教育的时候，我们一定要注重自然规律的作用，这一点大家都很清楚。

那些刚刚做母亲的女人明白，到了该睡觉的时候，她就一定要让儿童躺在床上，有的时候儿童会发脾气，可是要想让儿童养成不怕黑夜，可以按时入睡的习惯，就算儿童哭得再伤心，也一定要狠下心让儿童上床。

不过，很多流传下来的那些发脾气和哭泣的原因，都没有科学依据：有的佣人会说，这个儿童是不顺从的孩子，他发脾气是要母亲或者是佣人抱，或者是想吃东西或者是想看到灯光等等。这些说法难道是想告诉我们，只要儿童的吵闹有根据，我们就应该满足他吗？

不过在现实中，假如说儿童从来不按固定的时间上床和吃东西，他已经拥有了这种坏习惯，一旦我们试图改变，那么儿童就觉得难受，就好比是小猫离开熟悉的居住地一样。

只有在儿童重新培养一个习惯，然后在这个习惯中进行活动的时候，他身上不舒服的情绪才会散去。

卡品特曾经讲过，按照自然规律，在儿童小的时候就可以开始训练了，比方说按照固定的时间上床以及吃东西等。

让我们把目光放远一点，一旦我们的身躯拥有了一个习惯，那么这个习惯会对大脑的运作有很深的影响。

这个时候，假如儿童哭闹就能得到食物，或者在睡觉的时间可以不睡觉，这个举动的后果就是儿童之后做事情会没有规则，懒懒散散。

儿童进行活动的时候会很快通过我们的训练，然后跟整个身体以及所有的器官保持平衡的状态，这一点跟狗狗以及马的训练过程是类似的，这种感觉用文字表达不出来。

那些按照一定规律进行活动的习惯让所有的儿童都很感兴趣，不过当这样的习惯在孩子身上看不到了的时候，他们就会变得任性。

» 注意！父母不要无意中给孩子做了坏榜样

一些家长从一开始就认为教育对孩子会产生很大的影响，尤其是对孩子自身品质的培养影响非常大。

一个孩子品格的形成除了受一些教育的影响之外，还受到其他一些行为的影响。比如说先天的遗传基因以及生活环境，都会对孩子产生很大程度的影响。这些因素对孩子的影响也是十分关键的。

如果没有对这些因素进行十分认真的观察，则会对孩子的成长产生极其严重的后果，会在很大程度上影响孩子的性格形成。

很多家长应该会发现，有时候在孩子身上会看到很多自己的品质，或者是家族其他大人的行为。这些行为有时候会让你感觉到开心和可笑。

但是，你必须清醒地认知并且了解这个行为的好或者坏。如果这并不是一个好的行为习惯，就应该非常明确地告知孩子，这种行为是不对的，并且纠正这种行为。

这样才能让孩子意识到这种行为的弊端，并且在以后的生活中不断地改变这种习惯以及对性格造成的影响。

为什么一定要让家长尽快纠正孩子的缺点，让孩子朝着正确的方向发展？因为在一个人的行为习惯中，缺点是十分可怕的，它的出现可能会淹没一个人所有的优点，并且将所有的行为都变成缺点。

这种传染力是优点所不具备的，所以对于家长来说，当看到孩子拥有某种缺点时，必须马上进行纠正，以防止缺点的蔓延。

下面给大家举一下例子，可以让大家有一个非常清楚的认知。

一个小女孩，可以说非常乖巧，也很愿意帮助别人。但是，每一次帮助完别人之后，都希望自己可以得到一定的奖励。这就是小女孩帮助别人的目的，她就是为了奖励。

这个女孩十分看重自己的利益和私人财物，自己的东西任何人都不能碰，甚至也不愿意与任何人分享，即便是自己的母亲也不行。

还有一个小男孩，这个小男孩算是比较优秀的。他在自己的小群体中是老大，所有的孩子都愿意听命于他。但是，如果有任何一个孩子违抗他的命令，就不会有好果子吃。他这样的行为无疑是古代社会的暴君行为。这种行为是极端自我的一种表现。

还有一个女孩子，她十分乖巧、可爱，很多人都十分喜欢她的性格。但是，在一次活动中，她竟然可以为了别人而说假话。虽然是为了保护别人，但是，这种行为也是不应该的。

这里有很多孩子都有这种情况，还有的孩子脾气非常不好，这些行为都是我们家长应该注意并且要对孩子进行纠正的行为。

对于孩子的教育，我们应该让孩子非常清醒地意识到，自己身上所具备的品质。孩子应该学会如何运用自身的优秀品质，并且能够将其很好地转化为自身的能量。

我们应该充分认识到每一个孩子的缺点和不足，并且也应该了解每一个孩子身上所拥有的闪光点，这样就可以很好地帮助孩子进步和提升。

我们可以对刚才的几个孩子进行简要地分析，对于那个非常喜欢掌控别人的孩子，我们可以让这个孩子去照顾一下比他弱小的孩子。这样，他在照顾弟弟或者妹妹的同时，也就会渐渐从中得到自身欲望的满足感。

对于那个充满爱心，但又想获得利益的小女孩来说，我们应该让其首先学会去爱，主要学会去爱自己的父母。只有这样，她才会真正学会关心和爱护别人。

对于大人来说，有一种状况应该非常了解，就是很多时候我们的不良习惯或者性格在没有任何预兆的情况下，就已经被孩子所掌握。

但是，这些不良习惯对于孩子的成长会造成极其严重的伤害。所以，任何人都不希望孩子会染上这些恶习。

如果我们的孩子已经形成了这种习惯，家长也不需要过于担心。因为孩子还处于自我成长的过程中，这种习惯也是可以在孩子成长的过程中通过家长的努力发生改变的。只要家长有足够的耐心，能够认真规范自己孩子的行为，就一定可以纠正这种习惯。

如果孩子在成长的过程中，家长并没有发现任何闪光点，这就需要家长付出更多的努力，去为孩子创造自身的闪光点。这就是对孩子的教育，**教育也是使孩子在成长的过程中，逐渐找到自己的优点。**

如果你明知道自己的孩子身上具有很多坏习惯，却不愿意去改变这种习惯，这对孩子的成长不会有任何好处。在孩子成长的过程中，这种缺陷会逐渐地放大，并且会对孩子未来的成长都产生极大的影响。

第七章 教会孩子如何学习

» 对孩子进行知识教育要避免的问题

在我们的教科书中，我们能按照其中的不同分成6个部分，在每一个部分中又有一些小的分支。不过关于这种自由的教育模式，那些从事教育很长时间的教育者很不认同。在现实教育中，能够看到，我们用教科书教学能够让儿童更快地学会那些知识。

一般来说，在学校中，那些一、二年级的儿童每天早上学习两个半小时，那些四、五年级的儿童每天只学习两个小时。在固定的学习阶段，儿童需要做一系列的流程，不过，在这个过程中，会让儿童休息三十分钟。

不过，儿童处在不一样的年级和年龄会有不一样的娱乐，在下午的训练中，他们有的会进行手工劳动，有的会仔细观察周围的事物，还有的会拿着画板写生。

等吃过了晚饭，儿童就能做自己想做的事情了，假如儿童在家里的时候，他们会读书。经过这样的训练，这些儿童可以学习到更多的知识，他们做一件事情会更加快速。

通过这种训练，儿童可以集中注意力做一件事情，这种能力会一直完善，变成儿童生命中的一部分。

在这里，我会用《欧洲道德史》中的一个句子描述一下我们所讲的教学，这句话是："追求利益和功名是一件很没有道德的事情。"

在儿童的眼中，那些追求利益或者功名的教学，无论有多好的利益或者是有多大的市场，都会使他们变成无知的孩子。一件大的事情中会有很多的小事情，不过这些小事情中不可能会有大事情发生。

作为专门从事教育工作的人，我们需要的就是让儿童变成能够建设整个社会的人，只有这些儿童都成为有智慧、有道德的人之后，才能把社会建设得更美好。

在工作中，我们一直说的是想象，不过儿童真正喜欢的东西被我们忽略了。任何一个人，不管他是不是一个健康的人或者是不是一个拥有一定知识的人，都会有自己喜欢的事情。

不过这种喜欢是临时的，不固定的，也可以是对本身的成长没有用处的。但是，换个角度来思考，想象是我们研究一个未知的领域的开始。

我们现在接触到的有关教育的理论中，存在一个错误，这个错误就是，认为学习知识一点也不重要。

相对来说，那些研究教育的人觉得儿童是如何学习的才是关键，他们不想知道通过这种训练儿童获得了什么。

换句话说，这些专家觉得儿童拥有自己学习的能力，比知道更多的书本上的内容更有价值。不过，在长期使用这种教育方式后，不管是谁都会认为自己之前的学习是没有用处的。

在我看来，假如我们不知道怎么学习，确实是不可能知道更多的东西，不过，假如我们知道的那些知识没有得到应用，也就没有办法进行思考。

大家都明白，在读书的时候我们可以思索，可以有疑惑，也可以按照自己的方式进行理解，之后我们能了解更多的事情。不过，那些专家不是有意说我们学习的内容毫无用处，比较而言，这些专家仅仅是没有看到知识的重要性。

现实中，大家都认为在学习的时候，人类的精神世界也在发挥着作用，所以，大家就轻视甚至是完全忽略了我们掌握的事情。不过，在人类的脑海中，那些掌握了的事情就好比是氧气和水分，也是我们

活动的机能，更进一步讲，这些等同于人类的生命。

假如在进行教学活动的时候，儿童没有掌握需要的知识，这个就好比是在进行激烈的活动时没有得到营养的补给。

在孩子的训练中，他们要在活动中得到需要的知识，而且是在他们觉得幸福的基础上获得的知识。《圣经启示录》中有这样一句话："假如我们知道怎么做才能了解更多的事情，不过我们却没有储存起来，这简直太悲哀了。"

对上面的想法做一个总结，我认为现代教育有缺陷是因为下面的 6 个因素：

1. 讲话。没有条理的讲话是最失败的教育，即使口若悬河也比不上教科书。不管是在以前还是现在，有用的教科书有很多，不过在用的时候我们还要选择合适的。在选择的时候我们还要考虑到儿童的兴趣在哪里。

2. 讲课。这个活动中，教师会在不同的教科书中选择一些类似的素材然后按照顺序弄好，接着直接灌输给儿童，让他们强行记住这些东西。讲课的时候，教师讲的都是细心挑选之后的知识，并且整理得很有条理，不过这些起到的作用很小。

这个时候，也许让儿童自己阅读原来的著作会更有成效，在阅读的过程中，儿童可以亲自了解一下作者是抱着什么样的信念写出了这本书的。

阿诺德、斯林、鲍文也讲过课，我们觉得很成功，不过他们讲课也是针对一小方面，并且他们是在自己充分了解了的基础上才会讲。不是每一个老师都能做到这样，所以我们对于讲课的成效要重点关注。

3. 教材。通常情况下，儿童使用的教材都是用很多的有名的书本拼凑而成的。我们把这些教材划分成两种：一种是对所有事件的简单陈述，这些教材会让儿童认为非常无趣；还有一种是有趣的不过没有实质内容的教材。这些都不是好的教材，没有任何的价值。

4. 教育失败有一个很重要的原因是，教育者常常会让孩子不断学习，不过本身却不想获得更多的知识。

5. 在进行儿童教育时期注重的是辅助的设施而不是知识本身，这些会让儿童变得消极并且没有兴趣继续学习。

6. 在儿童教育的时候，挑选的文学著作精选都没有办法让儿童了解到原来的著作中想要表达的意义。

» 读书，是对孩子最好的教育

以前的时候，我们使用教科书以及进行实际的训练对孩子教育了12 年，得到的结果还是挺让我们欣慰的。大部分的儿童都可以在训练中保持愉悦的心情。

尽管说这些儿童不见得把所有学习过的东西都掌握了，不过，我们能用奥斯汀的说法来总结一下，这些儿童能够在很多方面都多多少少地有些认知。

在这里，允许我插一段题外话。这句话就是不管在理论上还是实际操作中，我们都不能够盲目地照搬那些看起来很成功的经验。

在进行教学活动的时候，我们一定不会直接就找到通向成功的那扇门，不过在了解了达尔文的进化论之后，我们深信所有的理论和真理也是在一直进化中的，我们要看到其中规律性的东西。

天生好学而且拥有很多知识和智慧的中国人，他们在认真认知了国外的事情和国外的理论之后，找到自己可以用到的一切知识。

在中国人觉得没有什么事情可以做的时候，他会漫不经心地进行绘画，不过他画出来的东西，之前没有以任何方式进入到他的世界中，他最后画出来的是伟大的象形文字。

假如这个中国人是学习绘画的，那么这幅画会让他非常开心，也许他会让所有认识或者不认识的人都看一遍。

不过，他画出来的是用一些曲线组成的谁也无法看懂的符号，这幅画就变成了没有什么价值的东西，虽然说他的朋友觉得这个也算是一幅成功的作品，也愿意把它放在显眼的地方。所以说，有那么一种

人是可以从这种看不懂的符号中找到快乐的。

这个时期，我们看到很多富有想象力的理论和观点出现。在西方，那些理论家都喜欢这种想象力。不知道这一点能不能解开一直让大家都很不解的事情呢?

在我们人类的发展长河中，那些拥有很多族人并且素质都很高的民族有很多，那些民族的人都非常有智慧，并且善于思考。不过，在过去的时间里，他们却再也没有创造出新的理论，这个也许就是他们喜欢盲目追随别人，忘记了自己的初衷造成的吧。

在这群人心里，他们没有想到，怎么进行的训练可以创造出什么样的结论，不过拥有这样的结论，就需要一点一点按照训练的方法做才会有效果;他们更没有想到，在自己的想法中再加进一点点的想象力，他们的想法就可以变成真理。

过度的自信让这些人坚持自己的想法，他们会在自己不断的发现中找到想要的真理，所以他们就在那些事情上转来转去，却没有办法找到一个新的理论。

我们在进行教学的时候，也常常会陷入这种陷阱。大部分人都觉得，只要是一个规律都会有自己正确的地方，所以他们会把这些规律或多或少地应用到教学中。

不过大量的证据表明，一些规律性的东西往往都没有什么价值和帮助，而且也没有办法改变教学中出现的各种不好的事情。

还有一部分人觉得，人只要按照自己的想法一路坚持下去，就一定能够获得巨大的成功。不过，儿童的成长跟我们有很大的关系，在教学活动中，我们还需要小心一点，不能只依靠一些教学方式引导儿童的兴趣。

教师在工作的时候不要一成不变，但是也需要坚持自己的想法。用一种新的理论进行教学和实践，确实能够让人们感到自豪，不过，我们在使用的时候一定要确定这个理论是真正有效的，不然，就不能使用这样的理论。

我们这里所说的掌握的事情不是绝对的，一个天天上学的儿童也许不比一个在家自己学习的儿童知道得多，那些掌握了很多知识的儿童一直在我们的身边。

在他们看来，不断吸取知识是最能让他们开心的事情。在进行学习的时候，他们依靠的是自己喜欢的情绪，所以说他们之后掌握的知识会很多，并且是很正确的。

确切地讲，很多的儿童是很喜欢去学校的。这些儿童乐意在校园内活动，原因是他们乐意自己有那么多的朋友，他们也希望常常获得教师的鼓励以及表扬，在校园中很多东西都让他们感兴趣，教师也对他们非常好。

不过，要说这些儿童是为了吸取知识到了校园中，这个说法很不可信。关键的一点是，在儿童喜欢校园生活的所有原因中，是不是对吸取知识感兴趣，将会使儿童以后的人生发生转变，而且会影响儿童的一生。

然而，有一点让我们觉得教育还是有好处的，那些上学的儿童都具备了吸取知识的一切力量，对学习也都非常感兴趣。

假如说儿童要知道一个国家是如何发展的，以及在这个过程中谁发挥了重要的作用，那么读书是一种最科学的方式，儿童也需要依靠自己的力量从书中找到自己需要的知识，锻炼自己的能力。

在大部分的伟人传记中都记载着，这些著名的领袖在儿童时期都很喜欢读书。现代教育中，对于教科书的探索基本上还是儿童重点进行的工作，这个也许是那些出名的国立学校一直存在的基础吧。

有的国立学校能够保证儿童得到非常好的教学，也可以培育出一个或者是多个精神力量。不过，就算是这样，那些国立学校并没有取得很大的成功，原因是那些教科书上的东西太少了。

儿童对教科书上的内容没有太大的兴趣，也无法吸取到需要的知识，所以这些儿童在成人之后，没有办法融入到世界当中。

不过，我们一定要记得下面的内容：假如一个儿童从出生开始到青年时期结束，整个在校期间都没有办法独自念书，那么我们可以知道，这个儿童在以后的人生中对书本也不会有多大的兴趣。

在这个阶段，一些国立学校在不停地进行各种改革，而改革的重点放在了让儿童接触更多的书本以及知识上面，这无疑是正确的。

在这里，我用一些详细的附加条件解释一下：

1. 在我们的国立学校中，要知道怎么安排使用教科书，怎么将各个课程进行科学安排，从而达到让儿童吸取到知识的目的。

2. 在进行了这样的安排之后，那些在小学上课的儿童需要做到什么样的程度才算是合格。

3. 怎么让讲话成为促进儿童成长的一个基础。

在国立学校中，那些儿童对于吸取知识有很高的热情，并且这些儿童的思考能力在不断读书的过程中慢慢有了提升，所以他们可以进一步学习更多的更深层次的知识了。不过，这种能力仅仅在听教师讲课的过程中是没有办法得到的。

读我写的书的人，不管能不能认同我的想法，都不能否认这样的现实，教育的全新转变需要马上进行，任何一个人都要在这个革命中发挥自己的作用。

在对之前的事情进行总结的时候，我们看到，儿童在 12 至 14 岁以前，我们可以做的就是要尽自己最大的努力，让儿童找到吸取知识的道路，最好这条路就是最棒的那条。

在泰纳的著作中讲到，我们进行教学就是发给儿童邀请函，我们把他们召集起来，不管是学习哪科的知识，都不要用精选或者是选读的方式让儿童阅读。

那些青年只有从那些没有改动过的原著当中才能读出来我们国家的发展、人类发展的过程，才可以知道我们的文明是怎么进步的，才可以了解我们是怎么到达现代社会的。这一点对所有人来讲都很容易，原因是在不知不觉中我们都做到了这一点。

假如说，我们觉得以上的理论是非常正确的，那么我们就应该让孩子独自而且自由地吸取知识。

儿童的需求表现得很明显也很强烈，我们怎么做也已经知道了，不过我觉得我还是得强调一点：那些进入到中学的儿童，一定要进行一下这样的训练，这个训练就是我之前讲过的，类似培养阅读的习惯之类的课程。

» 如何合理设置孩子的教育课程和目标

我们从自然知识上看，孩子对于他们看到的事物有实际亲身体验的感觉。其实我们更关注的是，他能否将麦苗和韭菜区别开来，能否知道哪里生长什么，长势如何等等。而对于他是否能说出花蕊的上位和下位不太关心。

这些知识都属于孩子的学习范围，但我们没必要急着开发他们的智力，最好是等到他们观察、学习过活的植物之后，或者已经可以将这些植物很好地临摹下来时，再让他学习这方面知识。

同理，目标和课程的关系也是如此。我们不必急于培养他们对于所有事物的观察能力，不必急于教会他们描述某种东西是不透明的、易碎的和柔韧的等。我们不能用这种方式挫伤孩子积极探索的好奇心，我们十分愿意看到孩子乐于与大人们聊天和提问题。

大人和孩子在一起可以谈论河里的闸门、割草机、耕地等这类机械是怎样运作的，这样可以在孩子的心中产生对这些知识的浓厚兴趣，而不会将他变成自作聪明和口若悬河的人。

好的书籍，是充满智慧思想的财富宝库，里面充满着在历史上起着重要作用的思想。我们十分希望将这个宝库的钥匙交到孩子手里。

我们按照自然的方法去培养教育孩子，还要根据我们和孩子的天性来管理。我们不认为孩子的能力与生俱来，我们的观点是，童年是孩子最美好快乐的时期，但也是他们最天真脆弱的时期。

我们要重视他们对于生活的感受，在他们可承受的范围内，使他们适度地参与生活，在这样做的时候也要倍加小心。

不轻率地去改变孩子的个性，注意保护孩子的尊严完整，是我们

一致认同的做法。这些发展是长期稳定存在的，这种教育也是积极进步的，存在着普遍性。我们必须说明的是，我们的认知是在生物学科学理论基础上发展的，我们的做法也都有据可循。

我们要认识到“事物之间的调和科学”，使孩子明白最重要的底线，但对于他们的行为不过多地干涉。在时间和空间上给予他们充分的自由，让他们按照自己的天性去自由发挥。

我们的观点可以从另一个原理获得支持和鼓励。康德认为，人的大脑拥有与生俱来的知识。对此，我们不置可否。然而，我们对于休谟的观点，人的大脑拥有与生俱来的思想，也不持反对意见。

另一个观点比较让我们认同，那就是，人的大脑具有应对世界千变万化和各种知识的能力。我们发现，在教育孩子学习知识的时候，我们用以热情饱满的态度，也会激起孩子认真学习的积极性。所以我们要尽量给孩子提供更多丰富和广泛的课程。

» 思想影响个人发展，要给孩子好的思想教育

父母需要在孩子的心灵上播撒什么种子呢？答案肯定是思想。我们该尽早知道：我们手中唯一的教育种子是什么，以及该如何播撒出去。

目前，我们对于教育的认知还是很浅薄的。

虽然我们已经抛弃了那种“初生婴儿的心理是空白的”错误看法，不再把孩子空白的心灵当成教育者们可以肆意描绘的图纸，但是由于这种错误存在已久，甚至得以继续延续下去，又接着造成了新的错误，人们认为教育者的理论向来都是正确的，教育者的职责神圣不可侵犯。

下面我们将要叙述一下这种思想的原始状态。

裴斯泰洛齐认为，教育应以促进才能全面和谐发展为目的，而不是利用才能来增长知识。他的理论就好比是在努力扩大瓶子的容量，但却没有考虑该如何去填充这个瓶子。

福禄贝尔的理论是，教育就像雕塑艺术，它不再是那个需要艺术家去巧妙地造型的瓶子，它现在成了一朵美丽的玫瑰花，它的轮廓形

态变得更加清楚和妩媚，每一片花瓣、每一个细褶都经过了细心的雕琢。

父母的职责就是要耐心、细心地去雕琢那些花瓣，还要适当给予花朵阳光雨露，并为花朵的绽放准备好空间和条件。

在美好的环境下，在和谐美满的氛围里，培养孩子的想象能力，锻炼孩子的判断力，训练孩子的观察力，开发他的智力，培养他的品德，最终让孩子绽放出大放异彩的生命之花。

“幼儿园”可以说是意义重大，不管是对教育的作用还是教育者们的工作来说，辛勤的园丁们要充分发挥自己的满腔热忱和奉献精神，细心、耐心、体贴地照料那些幼小的花木。到现在为止，幼儿园的作用是教育上十分重要的思想概念。

但是，随着科学文化突飞猛进的发展，在思想教育、地质学、化学、人文学、哲学及生物学领域都有了更大进步，人们对于世界的看法又有了改变。因此，现在我们也要重新审视一下我们的教育观念。

遗传方面，并不是祖父辈们直接把自己的性格特点、兴趣爱好、品质和缺陷传递给下一代，关于这个问题，我们经过后天的教育就能深刻理解。

我们假设说，遗传只是简单的传递和输送，那么岂不是大多数人都会继承祖先辈融合的缺点？例如笨拙无能、粗鲁野蛮、天生疾病等。但事实上，这些缺陷早已不再流传下来，我们不该再杞人忧天了。

下面我们讨论一下关于教育的问题。教育工作难道就是单纯、直接的造型吗？有个观点说，教育就是对几种才能的引导、指点和强化。那么在这一学说里，教育造型又占多少呢？

父母忧心孩子失去个性，也不信任任何关于在同一个计划下培养所有孩子的说法。这样的担心是合理的。

如果真的是那样，教育就是按照同样方法，靠简单有序的努力去培养我们的能力，激发我们的潜能，那么大家就不可避免地按统一模式成长起来，最终，这种重复单调的模式会让人心生厌倦。

人们对于事物按同一方向发展的情况忧心忡忡，然而这种忧惧感并不是在无病呻吟。

我们都对上帝赐予我们品质和个性深信不疑，那些都是我们的宝贵财富，它们将促进我们人格的完善，于是，我们便不会被经验主义教育所控制，甚至刚出生的孩子也不会被困在教育牢笼里。这样看来，我们的处境是绝对安全的。

“教育就是生命”，教育对于人类和整个世界具有非常重大的意义，但实际上并不是表面上那么简单。我们也许只会观察到这些表面的现象：有些人面黄肌瘦，营养不良；有些人备受恩宠，积极享乐；以及一些生理现象如心脏跳动、肺部运动等。

我们对于教育的理解是那么浅薄。比如，人类的词汇中找不到一个能完全描述和涵盖维持生命意义的词。

“教育”这个词也是如此（e 代表“出来”，ducere 表示“牵引”）。它只是表达了偶尔心理训练的意思，就像是活动手脚一样。当“训练”这个词成了“教育”的同义词，错误的认识便形成了。

能力的运用和进一步发展才是我们教育的最终目的（当然，我们现在用的是 education，直到更合适的词汇出现）。

撒克逊语中的“bringingup”(教养)有些接近教育的真实意思，虽然这个词是具有模糊含义的，但也算是接近我们所想的，因为“up”的含义是“目标”，“bringing”的含义是“努力”。

马修·阿诺德对于教育曾有一个十分完善、形象的解释：“教育是一种氛围，一种练习，一种人生。”马修·阿诺德是伟大的，他的解释给后人带来了启迪和影响，让人们明白教育在人生命中是无比重要的事情，是需要经过人们毕生努力来完成的。

下面我们分析一下这个具有三层含义的定义。第一个描述词，教育就是要给孩子在周边环境下营造一个学习的环境。从主观的角度看，教育可看作是孩子的精神生活。客观角度看，孩子作为教育的主体，就要接受相关的训练。

当我们认识到自己的能力尚浅时，我们才会把工作做得有序、高效。于是我们踌躇满志地开始工作，因为此时我们内心清楚什么事该做，什么事能做，以及什么事情不能做。

我们心中有了目标时，就会千方百计地寻找出接近目标的途径，这个途径即称为方法。孩子不仅仅需要道德智力上的精神生活，还需要物质生活作为基础。然而这一切的提供者就是他们的父母。

精神生活深深影响着人的思想的发育，教育的生命也是靠思想来存在的。

有些人虽然受到很多年教育，但是对于思想的理解仍是不全面的。更多的人是四肢发达，头脑简单，有的是野蛮人，还要防止他们虐待孩子。

我曾听过这样的故事，一个 15 岁的小女孩上了两年学，但却没上过课。因为她的母亲一直让她专攻针线活技术，从而没有多余的时间去学习文化知识。

实际生活中，很多学生并没有在心底产生真正的思想觉悟，但他们依旧可以凭借自己的学分考入大学。如果我们忽视了这种觉悟，到我们毕业时也能算是完成了“教育”。

但如果我们就此丢掉课本，关闭我们心灵的窗户，那我们就会陷入闭关自守、愚昧无知的境地，我们的思想和情感也无法及时地更新和进步。

» 如何对孩子进行思想教育

思想是什么？柏拉图、培根、柯勒律治都认为，思想是我们脑子里一种有生命的事物。

谈及思想，我们都会说，可能会被它抓住、打动、占有或者控制，它能给我们留下深刻印象。这些说法比说思想是有意识的思维这个说法要形象生动得多。事实上，思想所能引起的巨大力量要比我们描述的影响更加强大。

当我们树立了一个信念，拥有了一个思想，那它们将会影响我们

的性格发展。有些人会为了一种追求、一种事业而甘愿奉献自己，于是我们疑问，这样做的原因是什么呢？

那么这些人可能会说：“多年前，一个想法控制了我的头脑。”这样就表明了一个人追求目标和人生的过程。为了自己的目标勇往直前，不懈努力，就是有意义有目的的生活。

这就是思想起到的巨大作用，然而在我们的教育思想领域中，它所包含的概念和词汇却没有多少。这是一个令人疑惑的问题。

现今出现在科学领域的“思想”一词，是柯勒律治最先使用的。

它不同于哲学领域的“思想”概念，在这里，它是一个极其复杂、艰涩难懂的词，为此，柯勒律治曾经对他首次使用的那个词道了歉。除此之外，有关大脑和精神之间相互关系和影响的科学，被笼统称为“精神生理学”和“心理生理学”。

哥伦布在远航途中首次发现磁针的变化，这在人类历史上，是一件在精神上打动人、令无数人惊叹的事。当然，类似的事件多不胜数，上帝通过智慧的人给大家展示了大自然的奥秘。

这些思想拥有着内在的规律、规则和顺序，它们注定要给人类的生存和生活带来历史性变革。哥伦布拥有智慧的头脑和缜密清晰的思维，他能更加深刻地理解那个伟大的思想，于是，他由一名普通的航海家变成了一名科学领域的预言家。

思想如同大气一样在我们周边环绕，并不像武器一样袭击我们。几何学家们把思想比作圆，它于是便有了明确而形象的形式，也可以说它是一种人的本能，一种倾向，就像是诗人被某种感觉击中而激动得泪流满面，那是一种无法控制和解释的倾向。

激活这种至善、至诚、至信的倾向，是教育家们应当早日开始的重大任务。

该怎样给孩子传递倾向不明确的思想呢？这种传递不局限于固定的目的，固定的时间，我们要做的就是努力在孩子周围营造出这种氛围，让孩子就像呼吸空气一样简单容易地领会到它。

父母应全力去创造一种有利于孩子培养正确生活态度的环境。给予孩子温柔的关怀，体贴的照顾，慈爱的态度，友爱的行动，把这些都融入到思想氛围的环境里，这样对于激发他生命中的本能倾向是十分有益的。

从小在这样的环境下成长的孩子都是幸运儿。

许多人都怕孩子会受到我们举止粗俗的不良影响，怕他们会以此为成长方向，因为孩子总是会受到周围环境的影响，能从中获得鼓励和提示。

父母必须要以身作则，成为孩子的榜样，就像是行星周围环绕着的大气层一样，他们周围就是孩子进行思想发展的空间，孩子人生中长存的思想和“本能倾向”在这里萌发。因此，孩子周边的环境对他将来的举止是否高尚文雅，能力是否突出起着决定性作用。

清楚明白的思想应当有序和时时进步。柯勒律治认为明确的思想不是任由人吸进呼出的空气，而是人们大脑需要吸取的营养。

“最初的原始想法像种子一样萌发、发育，最终成长为一系列的思想。”

“过多的事件和形象会像过多的阳光雨露对于种子的危害一样危害孩子的心灵。”

“每一种方法都有它自己的指导思想，因此我们必须要通过各种方法找到最合适的行动方案。”

“那些指导思想往往处于下层地位，和它们所指引的方法途径一样各不相同，方向交错各异。现代科学的变化日新月异，从一开始的依靠证据和事实，到后来的大规模实践，其秩序和程序被弄得颠三倒四。”

“思想的发展缘由在于一开始确立的方向，但它还需要一颗清醒严谨的头脑，来确保它能在适合的范围领域内发展。因此，开始的方向一旦发生了改变，思想的发展轨迹也会跟着改变。”

柏拉图的学说认为：“思想是一种可分辨的力量，它是自主确定与永恒本质的统一体。”

那些智者们认为，它将有助于我们探究影响我们生活的“思维方式”、决定我们性格和命运的潜意识思维规律。

思想是教育中唯一重要的部分，这是一个尽管深邃但十分实际的话题。“教育的功能就是训练”这个论断是不够准确全面的，我们的思想千万不能为它所蒙蔽。

在孩子还小的时候，无论父母采用的是单纯的“填容器、涂画板、塑雕像”的教育方法还是把教育当作养育生命在实施，这些方式都没有明显的区别，最终我们会发现，其实能真正渗透进孩子精神里的，是那些曾给予他们生命营养的思想，其他的都作废。

但遗憾的是，孩子汲取的有些东西，将会像机器里的废渣尘土一样阻碍正常运转，给他们的人生带来危害。

教育程序该如何设计呢？教育的程序或许可以是这样的：造物主赋予教育生命，它依靠思想来维持生存，思想建筑在精神之上，我们只能通过彼此间的交流来获取这些思想。

父母的责任之一就是用思想去充实孩子的精神世界。孩子具有极强的可塑性，他们的选择是不定向的。所以父母在早晨撒下的种子，到了晚上也同样要细心照顾，因为哪颗种子发芽是不一定的。

孩子对于任何事都充满好奇，当然，不是每件事情都是好事，好与坏是并存于世界上的，所以我们一定要注意，不要让孩子经常接触到坏事。由于启蒙思想对孩子以后的思想形成有重要影响，所以我们要使孩子树立正确的基本思想，明白生活中相关的义务关系。

关于儿童的研究和思想路线中都存在着指导思想，正因为如此，研究者们受到指导思想的触动，他们开始着力去促进教育的发展和完善。

正确的思想是可靠的、无误的，理性思维是由最初的思想经过合理路线而形成的一种习惯性思想。最初的思想可以帮助我们预测未来。

我们形成了这种思维习惯，总是依靠它来进行问题的思考，进而研究出结论。尽管我们的思考深度与最初的思想南辕北辙，但我们的思考方向是不变的，因为我们的大脑会根据我们的思考方式来调整自身结构，还会产生思考的空间和途径。

因此我们可以明白，幼儿园时期树立的思想对我们的人生有决定性作用。

我们要努力促使孩子认真做好每一件事情，无论这件事有多简单，以此来培养他的责任感。使孩子多了解一些他人的情况，无论是别人的错误还是痛苦，都会培养他的意志力。

» 记忆是生活和学习的基础，培养孩子的记忆力

我们之所以被称为生命，最主要的原因是因为我们拥有记忆。而所谓记忆就是大脑中拥有的存储的空间。孩子学习各种知识的目的就是实现记忆。

我们会意识到，我们小时候学习的各种知识，具体的内容我们大都已经记不清晰了，但是它们都留在我们的记忆中，在我们日后的深层次的学习或是工作中起到了基础性的作用。

即使之后我们所学习的知识已经远远超出了之前我们认知的内容，但并不影响我们对原有知识的兴趣，每当回想起来还是会觉得津津有味。

此外，我们所获得的知识和所经历的事情，虽然不再出现在我们的印象之中，但是日后也会是我们学习生活所不可或缺的素材，它们可以根据我们的需求而重新再现出来。而我们所具有的最为珍贵的能力就是，利用联想的方法回忆出储存在我们大脑中的知识。

短时记忆占据了我们所有记忆的三分之一，我们对事物本身以及对它的态度都只是短暂的停留于我们的大脑之中，没有真正占据大脑的储存空间，只要一点小小的打断，他们就会消失。

就如同律师会在辩护资料上列出他所知道的一切，但是这些不需要多久，他就会忘记。为了对付考试，学生写下所有的知识，但不久，这些就永远不会出现在他的大脑之中了。

就如同罗斯基所说：“学生为了通过考试而死记硬背的知识，都是不加以分析和理解的，即使他们可以通过考试，但对于许多学习的东西还是不能够真正掌握。”

所以忘记这样的事情十分正常，医生和律师都会忘记那些他们不再费心关注的事情，图书的出版人也会忘记那些他们没有出版的书目，这种忘记对于我们来说还有益处。

但是，如果学生经过两个学期学习之后，大脑中什么都没有留下，而只在班级的点名册中留下了他的名字，这要怎么办呢？

在此，我们希望把记忆的内容说得十分清楚明白是不可能的，我们还是先来注意几个有关于记忆的问题吧。

我们是怎样开始记忆的呢？如何把记住的事情来进行应用呢？又是怎样形成回忆的能力的呢？获得的知识无论在何种情况下，是不是都只在大脑中停留一段时间，既不可能变成大脑中的储存内容，又不可能随时获得，之后便消失了呢？

我们对那些能够记录我们说话的工具都充满了极大的兴趣，例如，100年之后，它可以依旧储存着被记录者说话时的每个词语和语调。

而这个机器的运作就相当于我们大脑中的记忆的功能，通过大脑储存的完成，那些对于外界事物的感知就会被放入大脑之中。至少，生理学家能够肯定这一认识。

简单地说，大脑可以通过外界事物获得某种认知，然后再通过大脑自我的精神物质将这些认知储存下来。

这样就有了一个新的问题：在怎样的条件下，大脑中的物质可以接收到事情和事实，而这样的储存又需要多久的时间？大脑在接受这些反馈时，有什么样的约束条件吗？我们可以从一些生活中的经验和很多生活的片段中观察出，只要我们认真地去思考分析某一事物，我们都会在头脑中对这一事物形成较为鲜明的记忆。所以，我们可以得出，能否记住某些事情，关键在于我们是否用心去认真地对待它们。

常会有人说：“这种声音或者这样的感觉，使我难以忘却。”这种印象是正确的。在我们感受某种事物时，平时的记忆就十分有必要了。

当集中精力去面对一件事时，我们头脑中所有的细胞都会极尽所能地去思索它，这也就在大脑中形成了极为鲜明的印象，而记忆也就随之形成了。

如此，孩子要记住一件事情，也要经历这样的过程。要孩子把他们的大脑当成是照相机的镜头，他们需要去拍摄需要记忆的“图片”，把这些摄入头脑中。而在这一过程中，最为重要的是我们要吸引孩子的注意力，让他们开始自己分析这件事物，最终形成记忆。

我们需要帮助孩子把那些枯燥的名词、东西变成一张张色彩鲜明的图片。例如：在学习苹果时，我们就可以想象那些红润的颜色、脆甜的滋味，这样一幅图片在大脑中展现出来，自然也就形成了牢固的记忆。

回忆也可以帮助孩子巩固记忆。在我们教授新课的时候，总需要帮助孩子复习上节课所形成的那些记忆图片。在这样穿插的学习中，学生既能够学习新的知识，同时也把旧知识在他们的思维轨迹中进行了重新的记忆。

回忆的过程，也证实了，我们大脑中的记忆，是在前一个的基础之上形成的。比如对于语言的学习，我们总是在已经理解的词汇的基础上去理解新学习的词语。

例如，在学习“渊薮”时，我们可以理解其为人或物的聚集地来记忆它。如若我们忽视了原有知识对新知识记忆所起到的作用，那无论多好的教学，都会变成徒劳的工作。

同时，我们也可以通过把一些不喜欢学习的内容或者东西，与我们所熟知的内容或喜欢的东西产生联系，从而实现对它的学习。比如，在学习英语时，我们可以让孩子在游戏中完成对新知识的认知、记忆。

教师往往会欣喜于孩子在偶然的情况下头脑中闪现的印象。我们更应当做到的是，帮助学生形成一条或多条完整的记忆链条。

这样就相当于我们把知识用一条细线串联了起来，当我们拿起线的一头时，所有相关的知识也会出现在大脑中，并最终可以找到最为末端的知识。掌握了这个原则，在记忆的世界里，一切繁杂终将变得井井有条。

通过孩子喜欢的游戏、画画、故事等方法，我们不断地吸引着孩子的注意力。同时我们要通过关联法，把上节课的知识和这节课的知识进行串联，让孩子习惯回忆，在旧有知识的基础上打开新知识的大门。

以往摇头晃脑的反复诵记的方法，孩子其实是什么也学不到的，它只是通过时间来使知识停留在头脑中。而现在我们是通过集中注意力，通过联想的方法，把陌生的知识和事物，在大脑中形成生动的画面，这样经过几次回忆，记忆也就会完全刻于大脑之中了。

我们也会遇到这样的情况：一女孩在学习法语时表现非常优秀，但随着年龄的增长，在她进入社会工作不需要用法语进行交流时，慢慢地就会忘记法语，最后甚至对于简单的法语词汇也忘记了。

因为她自不学习法语之后，就不再对法语的听、说、写等做一些练习了，她的大脑，不再频繁地对这部分知识进行输入和输出时，记忆也就会慢慢被抹去。

当我们把一些知识尘封于大脑中时，那它们就失去自己的价值。正如我们永远别想用没有鱼线的鱼竿钓到鱼，只能让尘土不断地侵蚀它们。

看到这里一定会有人问："怎样形成你所说的记忆链条呢？"这个问题的答案一定是因人而异的。因为每个人的兴趣点都不尽相同，我们可以参照的事物也不一样。有时我们学习的事物正是前一个事物所不具备的。所以，在建立联系的时候，也可以是相对的联系。

值得注意的是，记忆关键是事物本质的联系。如果仅通过颜色、声音、味道等外在的内容去回忆某人或某物，在进行复杂的记忆时难免会失效或根本无用武之地。所以我们要抓住事物的本质，完成这些本质的连接记忆。

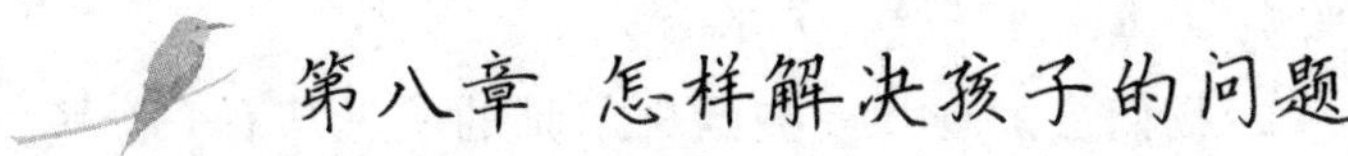

第八章 怎样解决孩子的问题

» 化解不良情绪，让孩子成为好脾气的人

我们需要用我们所有的无微不至来帮助孩子杜绝谎话。诚实是我们最为宝贵的品质，是我们做人的根基。

我们在和孩子相处的时候，话语要十分地准确，明确所有的肯定和否定。这样孩子在描述事物的时候才会相应地准确，而不会模棱两可。在我们做事的时候也要抵御诱惑，这样在孩子看到后才能效仿。

无论是和孩子还是和朋友交流，我们都要实事求是，千万不可以为了自己的利益而歪曲事实，或是编造一些故事。吹牛并不是一个好的习惯，即使它有时很有趣味性。所以一旦我们发现孩子有吹牛的迹象，要及时地纠正他们。

夸张的描述往往对孩子的吸引力是很大的，所以我们要提高警惕。我们应帮助孩子养成准确的、谦虚的表达方式，而不是浮夸的、轻率的语言习惯。

真正受欢迎的人都是谦虚谨慎的，真正的演说家都是依靠精彩的词汇和有利的论据来博得大家认可的，而不是一味地哗众取宠。我们可以通过幽默诙谐的方式进行交流，但谈话的内容切不可失真。

在现在如此争强好胜的社会，人们太习惯于以自我为中心了，培养有教养的孩子就变得十分必要。但是，教养是怎样表现出来的呢？就是通过我们所具有的道德品格表现的。而“诚实”则是其中非常重要的一点，这也是赢得别人尊重的基础。

这里我还想谈谈关于“脾气”的问题。大家经常会评价别人的脾气，“她的脾气很好，无论怎样说都不会生气”“他和他父亲都是炮筒子，一点就着”。我们都认为脾气是天生的，后天是不易改变的，一个人是否拥有好脾气和自身是没有关系的。

但其实，我们会发现，一些温文尔雅的父母却有一个脾气火爆的孩子。这是为什么呢？其实，我们本身确实遗传到了一些秉性，但在之后我们的成长过程中，随着家长的行为方式的引导、或是家长的纵容，我们的秉性是会随之变化的。

所以我们应当及时纠正孩子的错误苗头，要通过良好的习惯去帮助孩子改正他们的错误。让那些阴郁、急躁、烦闷、倔强、嫉妒等坏脾气，在孩子成长的过程中慢慢地被抛弃，取而代之的是温和、开朗、善良的好脾气。

如果我们可以帮助孩子形成良好的性格，那他们将会生活在平静、愉快的世界之中。他们可以和蔼地对待别人、善良地帮助他人。当他们遇到困难的时候，也可以不畏惧，对自己有信心，用良好的心态去面对，鼓励自己，最终战胜困难。

而相反，如果孩子的自私伴随着他们的成长而不断变大的话，孩子的坏脾气也会随之而来，会伤害周围的人。当遇到挫折时，就会一味地选择逃避甚至用极端的方法来解决问题，最终一步步地走向黑暗的深渊，

所以，良好的性格对孩子来说至关重要。作为父母，我们必须要用好的脾气来改造孩子原有的坏脾气。我们可以通过良好的习惯和行为规范来帮助孩子。这就需要我们观察孩子，需要我们采取措施去避免坏脾气的形成，从而去培养孩子的好脾气。

其实这对于母亲来说并不难。母亲可以通过哭声来判断刚出生宝宝的需求，同时也就可以通过孩子的面部表情来判断他们的想法了。

在孩子幼小的时候，他们有时是不明确自己的所需所求的，一切

都是自然发生的。但在发出声音时，他们都会先表现在脸上。此时，母亲就可以通过观察孩子的表情变化来判断坏脾气是不是要来了。

坏脾气的形成其实也是一个不断反复的过程，它拥有自己的轨迹。起初可能只是一些不满意，之后不满意不断被重复，坏脾气也就爆发了。所以母亲应当在发现这些不满意的表情时就及时地扼杀它们。这样就可以避免孩子被坏的性格所吞噬。

当这些情绪表现在孩子的脸上时，母亲就应当分散孩子的注意力了，要试图去打断他发脾气的想法，让它处于萌芽的时候就被消灭掉，使之不会发作出来。

比如，用一些孩子感兴趣的事物或者鲜艳的颜色来吸引他的注意力，在情绪被转移后，孩子就会有高兴的心情了。当然，这一切你都要做得很自然。

孩子免不了生气、发火，每次这种不良情绪爆发之后，都会在孩子的头脑中存留一段时间，这个时候，我们需要帮助孩子来清除这段记忆，尽量减少这些坏脾气在孩子大脑中的记忆。

当然对于那些美好的性格，我们可以任由其在孩子的身上茁壮成长，并且创造条件让它们一直伴随孩子成长。

以上我所说的这些都是帮助孩子来养成一些良好的习惯，这些是孩子终身受益的事情。在这个物欲横流的时代，我们要拥有一些美好的品格和习惯，这样才能让孩子在今后不迷失自己。

除了上述所说的这些，还有一些重要的内容没有被提及。这需要我们一起去探索和认知。

» 不要让孩子为了避免受罚而遵守纪律

在我们的教育理念中，纪律到底扮演着什么角色？作为老师、家长的我们，认为它是帮助我们规范学生的工具；但如果去问孩子，恐怕答案就不唯一了。

但有一点似乎是一致的：孩子遵守纪律，并不一定是发自内心地遵从，大多则是为了避免惩罚。这也就可以理解，为何孩子在提及纪律的时候都会有不耐烦的情绪了。

我们并没有形成一种真正意义上的教育体制。我们在教育、培养孩子、教授他们知识的同时，也在一定程度上限制了他们的自由。我们规范孩子行为的方式，是通过“如果他们不规范了，就要受到相应的处罚”。

值得我们注意的是，人是具有自我天性的，是存在着一定的判断标准的。比如基于人们对于猛兽的认识，当有凶猛动物靠近时，人们就会自然地远离。而就制度和规则而言，其中包含了大量具体的对行为的限定。

这也就对我们的教育方式提出了要求：所有教育的手段都应当是遵循人的本性的。在这样的前提下，教育的种种方式才能发挥它们的作用，否则终将成为一纸空谈。

教育的机制对人的天性有着特殊的影响，它有利于本性更加深入地发展，可以帮助人们完善自我。

天性并没有给予人们创新事物的能力，但是教育机制为我们提供了一系列的措施，让我们发挥想象力去提出新颖的观点，并付诸实践。孩子在这样的教育机制中，实现了更加广阔的发展。

但机制是不能在缺乏外在条件的情况下发挥作用的，它自身并没有自我创造的能力。对于老师来说，机制可以很好地帮助他们，可以使孩子在这个环境中得到全面的、有益的发展。只是机制必须要配合孩子的投入、老师们的热心，方能发挥其应有的效用。

教师们在积极地投入到教育的过程中，而从这互动的教学中，受益最多的是孩子。孩子在这其中不断地发展着，他们从一无所知，变得脚踏实地地完成学业、谦虚和蔼地为人、谨慎地行事，获得专业的知识和技能、准确的判断力、良好的身体素质。他们的这些品质，都是在老师的引导、父母的帮助之下形成的。

睿智的父母都知道孩子的本性在他们的学习、生活、发展中所处的重要地位。那么作为教育家我们又要在孩子的发展中扮演怎样的角色呢？我们应该不断地付出我们的热心、爱心和耐心，并有同父母一样的责任心。

我们应当遵循孩子的意愿，帮助他们保持最为本真的开心、快乐、愉悦的心情。当他们开心的时候，他们就表现得很好，会配合我们的活动。

但我们会发现，让孩子遵循自我的意志并不是件容易的事。真正成就大业的孩子必须拼尽全力，他们需要一路披荆斩棘，自然许多事情也不可能依据他们的意愿。

那些盼望孩子出人头地的父母，就要适当地降低自己在生活中的种种需求，而相应地提高自己在思维层面的认识。也就是，在思想上要达到精神上的最高境界，而过的则为最为简单的生活。

但这并不是说我们就不能够对孩子进行处罚。因为在孩子成长过程中会犯一些很严重的错误，这时我们可以进行相应的处罚。

但无论怎样我们都要承认，这种对待孩子的方式是会对孩子的心理和身体上造成双重伤害的。所以我们只能在非常必要的时候才能使用，毕竟对孩子心灵上的伤害，是很不容易愈合的。

» 孩子做错事，要根据错误的性质惩罚孩子

如果我们的孩子一犯错误就受到惩罚。我们不问缘由地惩罚孩子，给孩子造成的伤害可能是我们不能想象的。所以，当我们的孩子犯了错误的时候，请先问清他们，“为什么要这样做？”如果他们是因为善意的，或本不知这样做是错误的，那就不要惩罚他们了。

对孩子所犯的错误，我们依据这些错误的性质进行评断，即是无意的还是有意为之的。即使错误再严重，如果是在孩子无知的状态下，或所不能预见的状态下所犯的，那我们就要原谅他们。

但是，如果他在吃饭的时候不吃饭而选择吃零食，那我们就要进行批评，而且也不给他们零食吃。这种简单的惩罚是必要的，也是必需的。

我们还会遇到这样的情况：对于家长的惩罚，孩子表现得无所谓。这时他们其实并不认为是在接受惩罚，相反在为自己的勇气而骄傲，同时也会向同伴展现出自己的无所畏惧。

这些其实是孩子的自尊心在作怪。当接受惩罚的时候，孩子的自尊心难免会受到伤害，他们需要通过一种其他的方式来弥补自尊心。他们选择了对于惩罚的轻视，这样就会减少心中的罪过感。

我们所说的“不服管教”的孩子，其实并不是真的没有意识到错误的存在，他们只是通过抗拒的方式减轻自己的内心煎熬，而通过这样的惩罚，他们也在接受教育，也有些许的感悟。当再次遇到这样的问题时，他们就会规避这些错误，以选择其他的方式。

父母在面对孩子为所欲为时，母亲往往会苦口婆心地劝说，而父亲则会严格地惩罚甚至是打骂孩子，然而当这一切都不起作用的时候，父母也就宣称自己实在“管不了”了。其实他们并不是真正地放弃对孩子的管教，而是没能找到正确的方法。

在孩子被罚站或者被打骂的时候，家长们也会很心疼，但他们必须下狠心，因为只有纠正孩子的错误才能使他们进步，才能使他们真正成长起来。

当家长们面对要拽姐姐头发的淘气孩子的时候，用适当的力度打孩子一下，会收到不错的效果。孩子可能当即会打消这个念头。但当平时说教等方式不起作用的时候，我们只能选择动手来管教孩子吗？

对于有一些思维的孩子来说，我们对于孩子的惩罚是为了使他们认识到，每件错事都要付出相应的代价，旨在帮助他们建立一种正确的思维方式以及责任观。对于这一点我们十分明了，并持认同的态度，它也是在教育孩子的过程中不可或缺的一部分。

在孩子幼小的时候，我们就要帮助他们形成这种认识，认识到犯错误就要承担相应的责任。这样在他们长大之后，对于法律的态度就会十分敬重。

他们需要知道，我们每个人的行为都是受到法律的约束的，如若触犯了法律，就要接受相应的惩罚。这样当他们长大步入社会，就不会如同还没有学会拿枪的士兵就要迎接战争一样。

一方面我们对错误的事情列出惩罚的条目，是为了提醒孩子不要犯这个错误。而另一方面，我们发现，孩子对于犯错误有极高的兴趣，他们总是跃跃欲试，而不惜接受惩罚。

我们必须面对的一点是：惩罚并不能真正地实现人类行为的优化。也就是说，惩罚不能真正地防止人们犯错，也不能纯洁人们的思想，使人们的心中留存善念。

所有触犯法律的行为都要接受相应的审判和处罚。但因为我们惩罚的程度不到位，使得人们肆无忌惮，而一而再再而三地犯错误。我们也并不是为了实现惩罚而期盼人们犯错误，而是通过人们的错误去发现问题的本质，从而进行弥补。

孩子撒谎是我们经常会遇到的问题。我们因为他们撒了谎而不允许他们进行平时的游戏，对他们进行了惩罚。但我们如何保证他们今后不再犯错误了呢？

至此，我们应该思考更加深刻的问题，即孩子为什么撒谎。只有知道了这个问题，才能告诉他们以后再遇到类似的问题，可以通过怎样正确的途径解决。

当我们发现自己犯错误的时候，第一反应就是规避责任，通过各种方式来隐瞒自己的错误，也就会撒谎。这也就可以解释孩子为什么会撒谎了。

此时，作为家长的我们就需要和孩子来谈一谈，告诉他们正确的解决方式，而非出于本性地撒谎。这也就帮助孩子构建了新的解决问题的方式。

纪律的作用，并不在于惩罚孩子，而是实现对他们经常的约束。

父母需要坚持不懈地按照我们所说的原则对待孩子。要教会孩子守时、关心同伴和家人、诚实守信等。一旦孩子养成了这些我们所期望的习惯，这些习惯就会执行它们的职责，帮助孩子井井有条地生活。

所谓习惯，就是一种惯性的行为，它一旦形成就很难去改变。一些家长对于孩子的需求全全满足，只害怕孩子受委屈。但是这种行为很可能会养成孩子无所节制的需求，如若没能被满足就会大肆地哭闹、反抗。

发达的科学告诉我们：每一个习惯在我们的大脑中都拥有它的存储空间。而我们也拥有思维的惯性，习惯运用原有的思维去解决问题。当我们意识到这一情况的时候，我们就开始依据这一规律来教育孩子，帮他们形成良好的习惯而避免一些错误的习惯。

我们掌握了习惯的形成规律，并按照这一规律来教育孩子。凡是取得成就的孩子，都通过父母师长的帮助而获得了良好的习惯。但因为家长害怕自己对孩子的惩罚会带给孩子伤害，从而心软，甚至顺从孩子的任性，最终导致了教育的失败。

母亲的絮叨，往往来源于她们话语对孩子不起丝毫作用，从而使她们伤心、无奈。“我一直都有反复地向她提出要保持抽屉整齐干净，和别人说话的时候要抬起头，要维持优雅的坐姿，做事情的时候要细心和认真的要求”，我们可以从这些话语中听出几分的疲惫与不知所措。

尽管母亲一直在努力地提醒，但是这些善意的教诲，对于孩子来说除了厌烦再没有其他的作用。而母亲也同样感到无比尴尬。

我们观察孩子对母亲的唠叨的态度时发现，起初这些话语还是起到一定的作用，孩子在听到这些时还会按照这些指令行事，如若没有完成时还会表现一些焦虑。

但是后来孩子发现，没有按照母亲的话做的时候，换来的只是另一遍的絮叨，再无其他。此时孩子就选择继续做自己想做的，而不再去关心母亲所说的。

母亲承认自己的劝说失效了，但她们往往把这归结为孩子还小，不能懂得自己的良苦用心。等孩子懂事之后，就可以通过自己的努力而成为有担当、有智慧的人了。她们从来不会相信自己的孩子会成为一事无成的无用之人。

至此，我们就不难理解，母亲为什么会失败。失败的原因有很多种，但最重要的内在原因来源于我们自身的认知。**孩子要想在将来的社会中有所成就，就要逐渐形成良好的习惯，并纠正各种恶习，实现自我修养的提升。**

» 孩子的行为难免出错，要尽早进行规范

一个人在成长的过程中，思想的不断转变和扭曲，需要很多人的帮助，才能回归正途。

这就离不开我们所说的治疗，一旦一些人的思想发生偏差，他的大脑便出现了问题，必须对这些问题进行必要的治疗。对于任何一个人，不管这个问题存在多长时间，尽管可能仅有短短几个月的时间，都要这么做。

在治疗的过程中，我们会发现每一个需要治疗的人都有一种非常不健康的心理。我们就是要对这种心理进行治疗，并希望将这种心理约束在一个非常狭小的空间中，这就是我们的最终目的，不管会因此而发生什么事情。

这就好像是在维护大脑中的秩序，任何思维都不应该破坏或者试图破坏这种状态。对于任何一个思维都是如此，不管发生任何事情，都不能破坏大脑的整体思维。

这就需要在治疗的过程中，时刻准备充当一名治安维护者，杜绝任何犯罪行为或者思想的存在，保证安定与和谐。任何工作都必须做到尽职尽责，不能够只做一半。

对于这种情况，如果没有任何好的办法可以治疗的话，就必须对这个人的思想变化进行全面观察和了解，非常清醒地认知他们的思想

变化和发生，这样才能帮助他们彻底改变这种不良的行为习惯。

他们很喜欢这种状态，并且也愿意接受。这些措施和手段必须一直进行下去。直到我们可以非常清楚地确认每一个人可以抛弃自己原来的陋习，可以形成自己新的行为模式的时候，才可以停止。

这就是我们所说的标准和准则，我们不能打破这样的原则，只有到了这样的程度，才可以确保他们已经彻底抛弃原有的行为习惯，并且形成新的自我认知。

但是，从另一个方面来看，我们必须十分清楚这样一件事实，就是存在这种情况的每一个人，他们的疾病不仅是自己身体上的疾病，更多的是内心所遭受的创伤。

这对每一个人来说都是极为严重的一种创伤，否则，也不会走上犯罪之路。所以，在护理他们的过程中，对他们的内心进行护理，这是更加困难的一件事情。如果在护理的过程中，出现任何错误，都会对整个康复造成巨大的影响。

所以，这就需要找非常优秀并且十分专业的人士，进行这样的工作。这样的工作并不是一个人可以独立完成的，需要一个非常全面的团队去做这件事情。只有这样全面的团队，才能将这件事情非常出色地完成。

以前的社会拥有十分严明的制度规范，几乎任何人都没有办法违背。只要是意志稍微薄弱的人，根本没有办法实现自己的意愿，更不用说去完成自己的任何宏伟计划。

那时有着十分严苛的等级制度，任何人都必须遵守制度，否则就会受到极为严厉的惩罚。任何人也没有勇气去进行反叛，他们只能生活在君主的威严之下，没有任何自我。

我们所要提及的就是非常缜密的纪律性，**一个国家要想得到治理，一个将军要想打得胜仗，就必须有非常严明的纪律**。这就是基本要求，只有满足这样的要求才能获得真正的成功。

对待孩子，也应该让孩子养成良好的纪律性，孩子只有掌握了这种非常严明的纪律性，才能够明确自己的目标，知道自己前进的方向。

我们让孩子形成一定的规矩，是希望孩子可以在还没有完全形成自我意识的情况下，不断完善自我认知，进行自我规范和约束。

用这种方式，最主要是想让孩子在成长的过程中，可以从一开始就形成一个非常正确的认知。这样孩子在以后的发展过程中，不管遇到任何问题，都会明白自己应该怎么做，并且知道怎么前进才是正确的。

这就是对孩子进行规则建立的主要目标，让孩子可以在以后的生活中沿着这个道路不断地前进和发展。

但是，我们需要明白，我们对孩子所做的任何行为，都必须是十分正确的，并且是能够起到一定作用的。否则，就会产生适得其反的效果。

这项工作是十分艰巨的，同时，对于挽救任何一个行为不正的人来说，也都是十分重要的。

这项工作并不是在验证什么事情，仅仅是希望能够帮助人类的成长和进步。尤其是对于孩子来说，我们希望孩子在未来能够得到很好的成长和进步，并且希望孩子可以走正常的道路，不要走上歪路。

所以，我们对孩子的教育，也就是让孩子信奉一条真理，并且让自己在这条真理的道路上不断前进和发展。这就是对孩子教育所希望可以做到的事情。

所有这些事情都是我们所希望做的，并且希望做这些事情，可以为孩子建立一个良好的自我认识能力，并且按照这样的轨迹在自己的人生中不断地前进和发展。

» 孩子有恶习，用新的好习惯来替代

我们怎么面对孩子的恶习，如何帮助他们纠正，是现在家长们最为急切要解决的问题，现在谨为家长们提供几条解决的建议。

作为家长，我们要时刻提醒自己，坏习惯已经存在于孩子的大脑

之中了。

孩子大脑中所记忆的坏习惯是可以被遗忘的，但是这需要时间，大约要一到两个月的时间才可以帮助孩子完全摆脱坏习惯的影响。

而在忘却坏习惯的过程中，我们需要让大脑中新生的脑细胞去记住新的正确的习惯，并反复强调新的习惯，以减少坏习惯的作用。

保证这一切顺利进行的关键就是，**用一个对孩子吸引力巨大的新的好习惯去替代原有的坏习惯**。运用其强大的吸引力，以使孩子乐于接受并遵循新习惯。

父母可以通过各种方式去了解孩子形成坏习惯的根本原因，并依据这一根本的因素去帮助孩子纠正坏习惯，并形成与之相反的好习惯。

家长应当和孩子友好地相处，使家庭的氛围是温暖、和谐的。在这样一种宽松的环境之下，孩子易于接受父母的意见，也就愿意按照父母的指示完成任务，这也就有利于父母引导孩子形成良好的习惯。

父母并非一定要指定给孩子所有要完成的事情，可以适当地放手去让他们自己探索。在孩子探索到了新的领域时，我们需要做的是鼓励，并同孩子一直坚持下去，在不断地赞美和帮助之下，让这一新的活动扎根于孩子的大脑之中，并最终形成好的习惯。

同时，我们必须时刻注意孩子的行动，以防止他们重新依照坏习惯行事。

如果孩子的坏习惯重新进入了他们的生活，我们必须要给予严厉的惩罚。让他们意识到这一事情的严重性以及不会轻易被原谅，让他们感觉到父母的极度失望，并为自己的行为感到深深的自责。

综上所述，作为父母的我们要时刻注意孩子的行为，并且在孩子自己的努力之下，才能够战胜恶习，培养形成良好的习惯。

比如，苏西是个对一切事物都非常好奇的孩子。她的母亲会惊讶地感觉到她的好奇心，甚至会对她所提出的无穷尽的各式各样的问题表现得极不耐烦。家里的用人面对这样一个充满好奇心的孩子，都以为她是在不断探听别人的隐私生活。

母亲在和邻居或者保姆谈话、交流的时候，她就会不知道从家里的哪个角落偷偷钻出来，而且会一直站在母亲的旁边。甚至有时，在母亲阅读一些私人的信件的时候，她也会躲在角落里偷偷地听信的内容。

有时，母亲会把一本书藏在十分隐蔽的地方，但苏西只花一点的时间就可以找出来。而当母亲告诉爸爸，厨师因为有事要请两天的假，苏西就能把请假的原因详细地给爸爸讲出来。

母亲感到苦恼，不知道要如何对待这个孩子。如果直接对她说哪些是她应该知道的，而哪些又是她不需要知道的，又担心她不能够真正地理解，而苏西知道的这些事情确实也没有多大的害处。但是母亲还是觉得拥有这样一个爱到处打听事情的孩子是一件让人头疼的事情。

尽管这件事情让人有些心烦与不悦，但这并不是什么非常严重的事情，更不应当因此而对女儿感到失望，也没必要把问题看得过于严重，但是，作为父母，我们必须要正视这件事情。

母亲会把孩子这种过度的好奇心归因于她在修养上存在某些方面的缺失。因此母亲在苏西修养的方面下了一番苦功夫。经过努力，苏西真的改变了。

实际上，一直困扰孩子的就是混乱而无比强大的求知欲。因为她想获得很多的知识，所以就努力通过各种渠道去求知，把精力放到无用之处。母亲只需要给予苏西积极的引导，让她把那些极度需要满足的欲望集中于有意义的知识之上，她愉快地学习知识，让这些知识占据她的精力。

在新的思想形成于她的大脑中时，母亲简单地说服了她，例如“知道那些繁琐的小事是没有任何意义的”等。这样，苏西就不会再过度地关注于那些小事了。在几周之后，苏西被一些大事占据着大脑，也就没有空间留给那些小事情了。

再有，我们要帮助孩子控制他们过强的好奇心，鼓励他们制订计划，并循序渐进、脚踏实地地勤奋完成那些对自己有帮助的任务。这样，苏西毫无价值的好奇心就不会再跑出来了。

» 制造机会，用鼓励帮助孩子改掉不良嗜好

对于那些拥有不良嗜好的孩子，我们应该认真对待，并且寻找一定的方法去让孩子彻底改变这种不良嗜好。

如果让孩子彻底改变，最好的方法就是让孩子在这种不良嗜好的对立面，建立与之相对的良好嗜好。这就是教育的关键，如何让孩子养成与自己之前坏习惯相对的好习惯是非常困难的一件事情。

在此，我可以给大家举一个例子。亨利在很多人眼里可以说是一个无恶不作的小淘气包，几乎任何一个人都不可能逃过亨利的魔爪。

他经常欺负自己的同学，并且连自己的小宠物也不放过，有很多宠物甚至被亨利弄死了。但是，亨利却从来没有感到过自责，而且越来越变本加厉。

对于这样的孩子，很多家长的观点就是让他放任自流，不加任何管束。因为，在他们看来，亨利的恶习是因为他还太小不懂事，只要长大了，这种恶习就会发生改变。这种观点不止一个家长有，很多家长都有这种观点和认知。

还有的家长认为，这样的孩子已经没有任何办法了，任何办法都不会使他改变自己的恶习。这种观点的家长几乎已经对孩子绝望了。

其实，孩子的这种行为是可以改变的，只要家长有足够的耐心去引导孩子，告知孩子什么样的行为是不正确的，什么样的行为才是正确的。

只要有坚持一个月的耐心，就可以使孩子彻底改变，不断进步，这种恶习也自然会消失不见。

治疗这种孩子最有效的方法就是父母的关注和微笑，**当孩子每一次进行破坏活动的时候，父母就应该及时出现，在这个过程中，父母应该给予孩子微笑，并且告诉孩子这种行为是错误的，他应该立即停止。**

这样时间一长，孩子就会感受到父母一直在自己身边，自己的任何行为他们都会知道。这样，他们就不敢轻易再进行破坏，开始做一些好的事情。因为，他们也希望可以得到父母的夸奖。

同时，父母也应该关注自己的孩子的想法，并且尽一切可能让孩子自己去做，让他们有表现的机会。最重要的是，家长应该给孩子提供一切可以做好孩子的时机，让他们可以看到自己的价值。

孩子从中获得了开心和鼓励，也会激励他们继续去做好事，继续去帮助别人。渐渐地，你会发现孩子不再是原来的小魔怪，孩子变得非常乖巧，并且已经开始学会帮助别人。同时，会热爱小动物，也会去扶持弱者。

在这个过程中，可以看出是发生了本质的变化。但是，很多人都会说自己没有时间照顾孩子，自己还有很多事情要做。

我只能再次提醒每一个孩子的母亲，孩子这个时候的性格病症，可以说已经很严重，难道就不能抽出一点时间照顾自己生病的孩子吗？

我想每一个家长都会为自己的孩子而付出的。

» 让孩子学会控制自己、管理自己

现在教育工作者所要考虑的事情就是，无论孩子在上一代传承中获得的是好的性格抑或是不好的性格，我们都要在一定程度上对儿童的这些天生的性格进行约束，也尽自己最大的努力让儿童学会约束自己的天性。

有很多儿童在长大之后，在天性中存在的一些性格比如说做人大方，喜欢做善事等，就像船只碰到礁石一样，突然间消失不见了。所以说，父母一定要承担起教导儿童的责任。

在现实当中，那些信奉上帝的父母都觉得，让儿童跟植物一样自主发育是神的指引，无论儿童的天性是什么，朝着什么样的方向发展，也许儿童会变成植物茎上的刺，又或者变成很难看的花，又或者是没有味道的果子。

这个时候，父母会告诉儿童，在上帝的指引下，那些不正常生长的、长得不漂亮的枝条会被修剪好，那些漂亮的新的枝条会慢慢发育。

尽管说这些父母的渴望也有一定的道理，不过这些儿童会受到苦

痛的洗礼，经过很多次的摸索，才可以找到正确的道路，最终当他们走向正确的方向时，他们会非常伤心。

假如在这些孩子很小的时候，父母就努力地教导他们，也许他们就直接变成优秀的儿童，这样一来，他们就不用经受这么多的困难和苦难了。

虽然说儿童天生的性格很顽固，不过也可以进行完善。就算是天生的性格在某种程度上得到最大的发展，但是有了约束之后也会停下脚步。

在最初的时候，我们用驯马的工具以及姿势把天生的性格控制住，那么我们就可以一直控制着它。**不过，假如我们放任天生的性格跟野马一样尽情地奔跑，就算有再好的工具，我们也拿它没有办法了。**

假如说“习惯等同于天性的十倍”这个理论是对的，我们天生的性格就没有办法轻易发生转变了。那就不用说习惯了，我们要付出十倍的努力也许能改掉，但对于人类来讲，这也是个异常艰难的过程。

但是不用怕，我们掌握了更强大的力量，这股力量可以让我们征服习惯。不过，我们要知道，习惯只是天生性格的延伸罢了。

那些胆子小的儿童不想接受惩罚，所以他们会经常说谎话。那些让人感觉舒服的习惯，都存在于那些让人喜欢的儿童中间。

教育的时候，那些良好的品德，也只存在于那些本来就优秀的人中间。不想为别人做一点事情，是那些只为自己着想的儿童的本能反应。

儿童的习惯是通过他们与生俱来的性格表现出来的，这些习惯也可以说是那些与生俱来的性格的外在表现，在不断的训练中会表现得更加强烈。

不过假如说习惯想要成为儿童的主要决定力量，那么这个时候习惯跟与生俱来的性格就处于敌对的状态，就算不是敌对的，也不会再依靠与生俱来的性格发挥作用。

我们努力地观察会看到，发生在我们身边的很多事情都能证明，习惯是怎么影响人们的生活的。

那些生活中很谨慎的儿童，一定不会让自己的衣服弄上污渍；那些不喜欢讲话、性格沉默的儿童，一定不会告诉别人自己在家里的时候会做什么事情；那些没有思考过的事情，他们的回答往往是我不会；那些懂得礼仪的儿童，表现得跟绅士一样，他们会给老人和拿着重物的妇女让座，不过他们不会给那些穿着得体的女人让座；那些养成妒忌性格的儿童，不会给任何人让座，更别提主动提供协助了。

儿童拥有的全部的习惯，无论是好是坏，还是事不关己的态度，难道都是自主发育而来的么？当然不是，这是儿童的母亲进行教导的结果。

事实上，在对儿童性格的形成上，母亲的表现就好像是超人。有时，差不多所有的母亲都具备几种习惯,这几种就是儿童一定要遵守的准则。

因此，我们可以想象下：如果母亲是用放任的态度看待儿童学习的不同课程，那么在儿童习惯这方面，她也会用放任的态度。

换个角度，如果一位母亲一直在儿童耳边唠叨“别人怎么讲的？他们不会这么讲吧？这个你觉得怎样呢？”这个时候，这个儿童就会在外在拥有一些习惯，可实际上，他的性格没有发生任何的转变。

这些儿童会表现成——表面上有礼节、懂事、对人很善良。但是在现实中，这些儿童不会真正努力做一个守纪律、对人和蔼的人，他们不会做任何的努力。

儿童与生俱来的性格会在习惯的影响下一步一步踏上新的道路，这个是毋庸置疑的。我们观察一下在马戏团工作的男孩：这个男孩的双脚踏在两只马的身上，一会儿跳一段舞蹈，一会儿在台上翻滚，一会儿又表演那些高难度的动作。

孩子在智慧上的表现跟外在的表现一样，是可以重新塑造的，之后就会变成不轻易更改的习惯。就能够进行塑造这点来看，我们觉得很开心，并且觉得这个是很不容易的。

习惯所造成的影响不只是针对人，也针对生物。猫在寻找自己要吃的东西时，会在固定的时候和食物多的固定的地方寻找吃的。

还有猫是一种很依赖生存环境的动物，这个习惯对猫有很深的影响，一般来说，就算是没有吃的被饿死，猫也不会离开自己生活的地方。

还有狗，狗对于一个地方的忠诚甚至会超过人类。假如人类在每天9点的时候给鸟吃的，那么鸟会每天9点准时过来，它们会看一下是不是依然有吃的东西。

在达尔文的心中，他觉得人类一直都恐惧那些大型的鸟类以及那些没有什么攻击性的动物，这个是习惯的作用。在他的著作中，有这样一个例子。

在太平洋上有一个岛屿，达尔文没有去的时候，那些鸟们没有接触过人类，所以它们没有恐惧的心理，这些鸟总是围绕他飞翔，有的时候还会在他身上停留。

我再说一个例证，那些酗酒的人都有很多不好的习惯，让人觉得不舒服，不过这个也说明了习惯的作用力有多大。

酗酒的人没有办法控制自己的想法、感情以及表达，也不会关心是不是妨碍到了其他的人，所以他们的习惯就一直保留着。

不过这并不是什么新奇的事情，我们都知道“表现是人的第二个习惯”，“人们就是在习惯中生存的”。

不过，怎么使用习惯，怎么在身体成长的时候让习惯发挥作用，在我看来还是一件新奇的事情，并且这个理念很有研究的价值，与此同时，我也想让我的想法帮助读我书的人。

比方说，在惊奇中，我发现，习惯可以促使孩子按照准确的轨道没有阻碍地行走，这么做，孩子在成长的时候就不会出现摇摇晃晃、站立不稳的情况，也不会总是与成功擦肩而过了。我用同样的话进行总结，父母以及教师会让儿童的习惯定型。

“凡事在最初的时候都不容易。”这句话简直是真理。关于智力以及品德的习惯，一开始并没有安排好路线，也没有人知道到底该如何发展，这些习惯在准确并且必须经过的轨道上一直发生着转变，一直到确立了一种独特的习惯才会停下来。

我们经常能听到下意识的想法，这个让我们明白了：无论在最初的时候给予儿童什么样的想法以及感情，无论儿童在上一代遗传到了什么或者是父母是如何教导儿童的，儿童都可以按照既定的规律，自主成长，自主成熟，这与其他所有的生物都是相同的。

我们对一个准确的有影响力的事情进行观察，是非常有用并且神奇的一件事情，这个过程就在自己的身上发生，然后依照一定的规律一直前进。

在大脑还没有想好应该怎么落笔的时候，手中的笔就不由自主地写出条理清晰、句型优美的段落。在一个写了很多年的作家进行创作的时候，他会不由自主地进行句型的创作，不用进行修改，不过更奇特的是，那些出现过的错误也一直存在于文章中。

那些进行哲学研究的人很喜欢研究自己是如何思考的，他们是一群拥有很高的智商的人，不过也许他们忘记了那些引导人们朝着错误方向前进的理念跟那些引导人们朝着正确方向的理念的影响力是相同的，这些都是一直在前进、变化和完善的。

在这里，我们会用自己惯用的模式进行思索，不过这跟教育一个儿童的过程有什么关联呢？我们思索的时候是依靠着惯用的模式，所以，我们的想法也是不断循环出现，一直变化的。这就像是在高速路上一直前进不停的车一样，所有的可以用来思考的器官都是我们需要的。

尽管说我们没有很明显地对这些想法进行推敲，不过实际上，我们也许会不想要这样的想法以及不想要走这条道路。

我们会想要用一个路牌阻止前进，会想要树立一个不能行车的警示牌，然后让我们高速运转的想法脱离这个轨道，走到别的路上。但是事实上，我们真的能这样吗？

儿童显然不可能完成上面的要求，原因是他们的毅力还很薄弱，他们的品德还没有成熟和完善，他们的精神力量还没有发挥作用。

这个时候，儿童要依赖自己的父母，要从父母那里找到一些能够完善自己想法的力量，也要从父母那里找到自己想要珍藏的感情。

这个时候，父母的作用就是引导孩子，其他的不能帮助孩子做很多事情，在这样的引导下，儿童就可以拥有自主思考以及控制情感的习惯，这样的习惯可以影响儿童后天性格的成熟。

我们对上面讲的事情进行一下总结：在一代一代的传承中，孩子可以自主控制自己的生活。不过这样讲是不是太自大了？

我们很容易就能看出，**孩子天生就有主导自己成长的一种力量，不过，这些力量都朝着不一样的轨道前进**，同时，这些力量会指引儿童形成或好或坏的个性，而父母的责任就是要把这些方向纠正到能够促进儿童进行良好发育的轨道上来。

图书在版编目(CIP)数据

夏洛特·梅森家庭教育法 /（英）梅森著；成墨初，蒙谨编译.
-武汉：武汉大学出版社，2014.11（2022.3重印）
ISBN 978-7-307-12683-1

Ⅰ. 夏… Ⅱ. ①梅… ②成… ③蒙… Ⅲ. 儿童教育-家庭教育
Ⅳ. G78

中国版本图书馆CIP数据核字(2014)第008900号

责任编辑：陈 岱　　责任校对：赵 娜　　版式设计：文豪设计

出版发行：**武汉大学出版社**　（430072 武昌 珞珈山）
（电子邮箱：cbs22@whu.edu.cn 网址：www.wdp.com.cn）
印刷：北京一鑫印务有限责任公司
开本：787×1092 1/16　印张：14　字数：200千字
版次：2014年11月第1版　2022年3月第3次印刷
ISBN 978-7-307-12683-1　定价：45.80元
